乳幼児期における発達障害の理解と支援

知っておきたい
気になる子どもの
手先の器用さの
アセスメント

PWT描線テストの手引と検査用紙

尾崎康子
[編著]

ミネルヴァ書房

は じ め に

　近年，手先の不器用な子どもが注目されています。発達性協調運動障害をもつ子どもは，手先の不器用さに大きな問題をもっており，また，発達障害をもつ子どもにも手先の不器用さが指摘されています。

　しかし，これまで，一般的に，手先の不器用さは成長とともに改善されると思われており，不器用さに対する支援は熱心に行われてきませんでした。しかし，適切な支援を行わないと，不器用な子どもは，学業の遂行に躓きをもち，最終的には自尊心まで低下することが分かってきました。そこで，それらの子どもへの支援が，急速に求められるようになったのです。

　手先の不器用さ支援をするにあたっては，まず手先の不器用さについてアセスメントする必要があります。しかし，手先の不器用さを調べるために我が国で使用できる検査は僅かしかなく，ましてや幼児のための検査はほとんどありません。手先の不器用さは，学童期以後に顕在化することが多いのですが，それらの問題は，その時期に急に現れるわけではなく，幼児期からすでに生じているので，幼児の状態を調べることが大変重要になってきます。

　そこで，筆者は，比較的簡単にできる幼児用スクリーニング検査として，(Pre-Writing Test：PWT ピー・ダブリュ・ティ) 描線テストを開発しました。PWT 描線テストは，前書字の描線によって，幼児の手先の器用さをアセスメントする検査です。筆者は，すでに大変多くの定型発達幼児を対象に筆記具操作の発達を調べ，それを通して手先の器用さを調べています（尾崎，2008a）。PWT 描線テストは，この研究をもとに新たなデータを加えて作成したものです。共著の芝田征司先生には，データの統計的分析をお願いし，評価方法を作成してもらいました（第Ⅱ部第9章）。

　本書は，大きく2部に分かれています。第Ⅰ部は，手先の器用さに関する基礎的知識が述べられています。第Ⅰ部を読むことによって，我が国における手先の器用さに関する情報と研究知見が一望できます。共著の勝二博亮先生は，これまで生理心理学的観点から幼児の巧緻性について研究されていますので，第Ⅰ部第4章でその研究知見を述べてもらいました。そして，第Ⅱ部は，PWT 描線テストの手引きと検査用紙が掲載されています。すなわち，本書では，手引きと検査用紙の両方が本書にまとめられており，検査用紙は別売されていません。検査を実施する際には，本書に掲載の検査用紙をコピーしてお使いください。

　PWT 描線テストは，幼稚園や保育所で行うことができる検査です。手先の不器用な子どもがいたら検査をしてみてください。ただし，この検査を手先が不器用であることの「レッテル貼り」で終わらせてしまうならば，検査をする意味がありません。

i

これを支援に繋げてこそ検査の意味がでてきます。筆者は，PWT 描線テストによる
アセスメント後の支援として，描画ワークも開発していますので，アセスメントで不
器用さが認められた場合は，是非，支援につなげていってください。

　　2017年12月

　　　　　　　　　　　　　　　　　　　　　　　　　　　　　　　尾崎康子

知っておきたい 気になる子どもの手先の器用さのアセスメント
——PWT 描線テストの手引きと検査用紙——

目 次

はじめに

第Ⅰ部 協調運動の発達とその問題

第1章 乳幼児期における運動発達……………………………………………3
1 粗大運動………………………………………………………………… 3
2 微細運動………………………………………………………………… 4
3 協調運動………………………………………………………………… 12

第2章 手先の不器用さをもつ子どもの特徴……………………………… 13
1 手先の不器用さをもつ子どもとは……………………………………13
2 発達性協調運動障害（DCD）………………………………………… 14
3 発達性協調運動障害と他の発達障害との合併……………………… 17

第3章 協調運動の発達アセスメント……………………………………… 20
1 発達検査………………………………………………………………… 20
2 運動発達に関する検査………………………………………………… 21
3 発達性協調運動障害（DCD）のアセスメント ……………………… 21
4 手指運動による発達アセスメント…………………………………… 25
5 筆記具操作による協調運動アセスメント…………………………… 27
6 描画や書字による協調運動アセスメント…………………………… 29

第4章 ひらがな書字習得と運筆技能……………………………………… 35
1 ひらがなの習得過程…………………………………………………… 35
2 ひらがな書字の習得に必要な認知機能……………………………… 38
3 書字指導と運筆技能との関連………………………………………… 46
4 幼児期における書字指導のあり方…………………………………… 49

iii

第 5 章　手指運動と筆記具操作と描画の連関‥‥‥‥‥‥‥‥‥‥‥‥‥‥ 51

　　1　筆記具操作の発達‥‥‥‥‥‥‥‥‥‥‥‥‥‥‥‥‥‥‥‥‥‥‥‥ 51

　　2　筆記具操作と描画との関係‥‥‥‥‥‥‥‥‥‥‥‥‥‥‥‥‥‥‥‥ 55

　　3　手指運動と筆記具操作との関係‥‥‥‥‥‥‥‥‥‥‥‥‥‥‥‥‥‥ 61

　　4　手指運動と描画との関係‥‥‥‥‥‥‥‥‥‥‥‥‥‥‥‥‥‥‥‥‥ 63

第Ⅱ部　PWT 描線テストの手引き

第 6 章　PWT 描線テストとは‥‥‥‥‥‥‥‥‥‥‥‥‥‥‥‥‥‥‥‥ 67

　　1　PWT 描線テストのねらい‥‥‥‥‥‥‥‥‥‥‥‥‥‥‥‥‥‥‥‥ 67

　　2　PWT 描線テストの特徴‥‥‥‥‥‥‥‥‥‥‥‥‥‥‥‥‥‥‥‥‥ 68

　　3　検査開発の背景‥‥‥‥‥‥‥‥‥‥‥‥‥‥‥‥‥‥‥‥‥‥‥‥ 69

　　4　保育や発達支援へのつなげ方‥‥‥‥‥‥‥‥‥‥‥‥‥‥‥‥‥‥‥ 69

第 7 章　PWT 描線テストの発達段階‥‥‥‥‥‥‥‥‥‥‥‥‥‥‥‥‥ 71

　　1　PWT 描線テストの描画課題‥‥‥‥‥‥‥‥‥‥‥‥‥‥‥‥‥‥‥ 71

　　2　発達段階分類の検証‥‥‥‥‥‥‥‥‥‥‥‥‥‥‥‥‥‥‥‥‥‥ 72

　　3　円塗り段階の分類‥‥‥‥‥‥‥‥‥‥‥‥‥‥‥‥‥‥‥‥‥‥‥ 74

　　4　点つなぎ段階の分類‥‥‥‥‥‥‥‥‥‥‥‥‥‥‥‥‥‥‥‥‥‥ 75

　　5　線引き段階の分類‥‥‥‥‥‥‥‥‥‥‥‥‥‥‥‥‥‥‥‥‥‥‥ 76

第 8 章　PWT 描線テストと手指運動との関係‥‥‥‥‥‥‥‥‥‥‥‥‥ 81

　　1　PWT 描線テストと筆記具操作との関係‥‥‥‥‥‥‥‥‥‥‥‥‥‥ 81

　　2　PWT 描線テストと手指動作との関係‥‥‥‥‥‥‥‥‥‥‥‥‥‥‥ 82

第 9 章　PWT 描線テストの統計的特徴‥‥‥‥‥‥‥‥‥‥‥‥‥‥‥‥ 87

　　1　対象児の月齢と各課題の得点分布‥‥‥‥‥‥‥‥‥‥‥‥‥‥‥‥ 87

　　2　課題得点に基づく発達月齢の算出‥‥‥‥‥‥‥‥‥‥‥‥‥‥‥‥ 92

　　3　縦断的データによる信頼性・妥当性の検証‥‥‥‥‥‥‥‥‥‥‥‥‥ 95

　　4　まとめ‥‥‥‥‥‥‥‥‥‥‥‥‥‥‥‥‥‥‥‥‥‥‥‥‥‥‥‥ 99

第10章　PWT 描線テストの実施方法……………………………………………100

  1　実施の留意点……………………………………………………………100

  2　対　象　児…………………………………………………………………101

  3　検　査　者…………………………………………………………………101

  4　検査場所と配置…………………………………………………………101

  5　検査用具……………………………………………………………………101

  6　実施の手順…………………………………………………………………102

第11章　PWT 描線テストの評価方法……………………………………………105

  1　課題別の発達段階と発達範囲……………………………………………105

  2　PW 発達年齢と PW 発達領域の評価……………………………………120

  3　評価の観点…………………………………………………………………123

第12章　定型発達と発達障害の事例……………………………………………124

  1　定型発達……………………………………………………………………124

  2　定型発達の発達推移………………………………………………………127

  3　発達性協調運動障害のF児の事例………………………………………134

  4　高機能自閉症のG児の事例………………………………………………136

  5　発達性言語遅滞のH児の事例……………………………………………138

  6　自閉症スペクトラム障害の事例…………………………………………142

付録　PWT 描線テストの検査用紙

◎PWT 描線テストの実施法

◎PWT 描線テストの評価のまとめ

◎PWT 描線テストの評価

◎PWT 描線テスト：描画課題

◎PWT 描線テスト：教示の時に使う見本

参考文献

第Ⅰ部

協調運動の発達とその問題

第1章　乳幼児期における運動発達

1　粗大運動

　乳幼児期の運動発達を述べる際に，粗大運動と微細運動に分けて表すことが多い。粗大運動は，身体全体の動きによる粗大な運動であり，微細運動は，上肢系の動きによって実現する微細な運動である。発達的には，粗大運動が発達的に推移する経過において微細運動が獲得されていく。

（1）運動発達のマイルストン

　ヒトの場合，出生直後の新生児の身体運動は，反射などの不随運動によって構成されており，出生してもすぐには体を自分の意志で自由に動かすことはできない。しかし，生後2，3ヵ月になると，徐々に随意運動が可能になり，1歳前後までには自立歩行を開始するまでに至る。腹臥位，仰臥位，座位についても同様に随意運動が発達変化していく（図表1-1）。

　乳児が歩行の獲得に至るまでの運動発達の指標となるのが，「首のすわり（頸定）」

図表1-1　乳児期の運動発達（尾崎，2010）

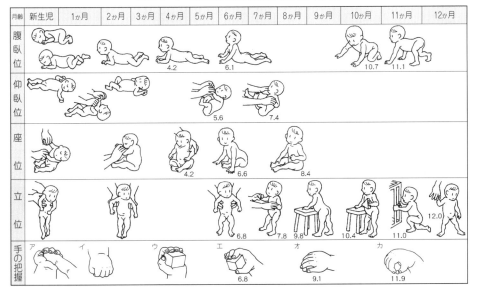

第Ⅰ部　協調運動の発達とその問題

「お座り（座位）」「寝返り」「はいはい（匍匐）」「つかまり立ち」「歩行」のいわゆる運動マイルストンである。Bobath（1980）が，「乳児が次々に運動マイルストンを獲得していく背景には，新生児反射の抑制と正常姿勢反応の出現という反射と反応の発達がある」と述べているように，新生児反応が徐々に抑制され，それと連動して正常姿勢反応が出現してくることが一連の運動マイルストンの獲得を準備し，さらにその程度に応じて運動マイルストンが順次獲得されていくと言えよう（国分，1996）。

（2）運動発達の法則

　出生直後には，自分の意志で自由に体を動かすことができなかった子どもも，やがては随意運動が出現し始める。最初は，頭や体幹を大きく動かす粗大な動きに留まっているが，その後次第に体幹遠位を細かく動かすことが可能となっていく。この運動発達の一連の経過は，中枢神経系の成熟に関連しており，① 不随意運動から随意運動へ，② 頭部の運動から尾部の運動へ（cephalo-caudal），③ 体幹近位の運動から遠位の運動へ（proximo-distal），④ 粗大運動から微細運動へ（gross-fine）と一定の順序性をもって進行し，運動発達の原則として知られている。乳児期の運動発達のマイルストンの獲得の順序もまた，これらの運動発達の原則に従ったものである（国分，1996）。

　体幹近位から上腕，前腕，手掌，指の順に構成されている上肢の運動では，肩関節による上腕の動きは上肢全体の粗大な動きであるのに比して，肘関節より先の前腕の動きはそれより小さな動きになる。手関節より先にある手掌の動きはさらに細かい動きとなり，指の動きではかなり微細な動きとなる。このように，上肢部位が上腕，前腕，手掌，指と近位から遠位の部位になるほどその動きは粗大な様相から微細な様相へと変化していく。体幹から最も遠位に生じる運動でかつ最も微細なものは指の動きであり，前述した運動発達の原則に従えば，上肢における運動発達とは，上肢全体が動くような粗大運動に始まり，それぞれの指を微細かつ巧妙に動かして実現される随意運動の獲得に至るまでの過程とも言えよう。

　描画時の筆記具操作にかかわる上肢運動機能の発達も基本的には，この運動発達の原則に従う。Erhardt（1982）は，幼児の鉛筆操作の発達は，中枢から末梢へ，全体から分化へ，そして脊柱から四肢へと向かう発達の原則を例証するものであると述べている。

2　微 細 運 動

（1）上肢系の構造

　上肢系の動きによって実現する微細運動を理解するためには，まず上肢系の人体構造を知る必要がある。

4

第1章 乳幼児期における運動発達

図表1-2 上肢の部位と上肢の関節

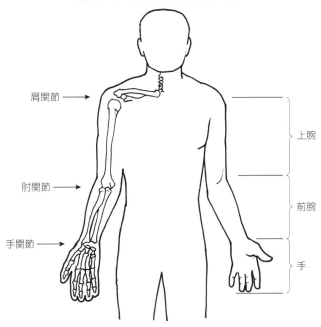

図表1-3 手の部位（左図）と手の関節（右図）

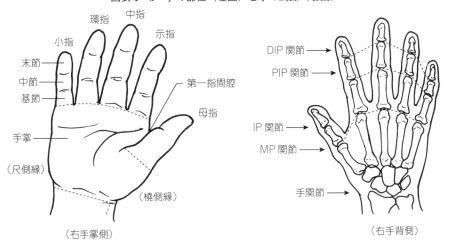

　上肢系は，図表1-2に示すように，肩から肘にかけての上腕，肘から手首までの前腕，そして手首より末梢の手から構成されている。図表1-3の左図に示すように，手の構造は様々な部位から成り立っており，それぞれ名称がつけられている。5本の指は，第1指から順に母指，示指，中指，環指，小指であり，母指側を橈側，小指側を尺側と呼ぶ。さらに，指は幾つかの節に分けられており，近位から順に母指では基節と末節，他の4指では，基節，中節，末節と呼ばれ，指の最も末梢部位は指尖である。また，手には両面あるが，皮膚が厚くて毛包がなく皮線が多くあるのが手掌であり，その反対の面は手背である。そして，手掌の面が掌側，手背の面が背側である。

5

第Ⅰ部　協調運動の発達とその問題

　上肢系は，他の部位よりも圧倒的に多数の関節から構成されている。図表1-2に示すように，上肢系の主な関節は，体幹近位から順に，肩関節，肘関節，手関節そして指の関節からなっている。さらに，指の関節として，母指には，中手指節関節（metacarpophalangeal joint，以下MP関節と略す）と母指指節間関節（interphalangeal joint，IP関節）があり，他の4指には，MP関節と近位指節間関節（proximal interphalangeal joint，PIP関節）と遠位指節間関節（distal interphalangeal joint，DIP関節）がある（図表1-3の右図）。

　このように上肢系には多数の可動関節があって，それぞれの関節の動きが組み合わされることによって，多彩な動作を実現している。肩関節運動には屈曲伸展，外転内転，外旋内旋，水平屈曲伸展の4種の動きが，肘関節運動には屈曲伸展の動き，手関節には背屈掌屈と橈屈尺屈の動きがある。一方，指には多数の関節があるため，指の屈曲伸展運動など大変複雑で多様な動きが可能である。

（2）上肢運動の測定法

　このように上肢系の構造は大変複雑であり，他の身体部位に比べて複雑で微細な動きを可能する。この複雑な上肢の動きを分類表記するには，時間とともに変化する一連の動きを特徴づける必要がある。しかし，どんな複雑な上肢の動きも結局は多数の関節運動の組合せからなる。そこで，日本整形外科学会身体障害委員会・日本リハビリテーション医学会評価基準委員会（1995）は，上肢運動を関節運動によって測定する方法を提示している（図表1-4）。

　後述する筆記具を操作する手指運動も，この表を参考に関節運動として分類した。

（3）把握の基本的動作の発達

　出生直後の新生児は，把握反射によって手を固く握っているか，もしくは時折モロー反射などで手を開けるような動きができるにすぎない。しかし，乳児期から幼児期にかけて手の動きは多様に分化し，随意的，目的的な動作が可能となっていく（図表1-1）。このような子どもの上肢運動機能の発達において，子どもが「手を伸ばす」「つかむ」「つまむ」「にぎる」「はなす」など把握の動作を特徴的に獲得していくことに多くの研究者が注目してきた。

　このような把持機能の発達過程に関する心理学的研究は，1930年以降に本格的に始められた。なかでもハルヴァーソン（Halverson, H）とゲゼル（Gesell, A）によってなされた研究は，今日の発達的研究の基礎をなす古典的研究としてよく知られている。Halverson（1931）は，生後16週から52週までの子どもを対象に，積木や棒などに対する把握の様子について映像分析をおこない，10種の把握のタイプに分類した。そして，乳児は最初積木を全ての指で手掌に押し付けて握っているが，加齢に伴い手掌の橈側よりで把握するようになり，最終的には橈側の3つ指を対向させて持つこと（図

6

第1章　乳幼児期における運動発達

図表 1 - 4　関節可動域表示 ならびに測定法 − 上肢と手指の計測（日本整形外科 学会身体障害
委員会・日本リハビリテーション医学会評価基準委員会，1995）

ハ　上肢

部位名	運動方向	参考可動域角度	基本軸	移動軸	測定肢位および注意点	参　考　図
肩（肩甲帯の動きを含む）	屈曲（前方挙上）	180	肩峰を通る床へ垂直線（立位または座位）	上腕骨	前腕は中間位とする。体幹が動かないように固定する。脊柱が前後屈しないように注意する。	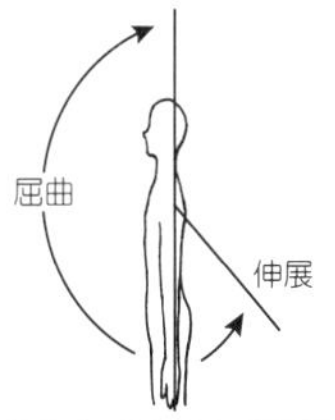
	伸展（後方挙上）	50				
	外転（側方挙上）	180	肩峰を通る床へ垂直線（立位または座位）	上腕骨	体幹の側屈が起こらないように90°以上になったら前腕を回外することを原則とする。	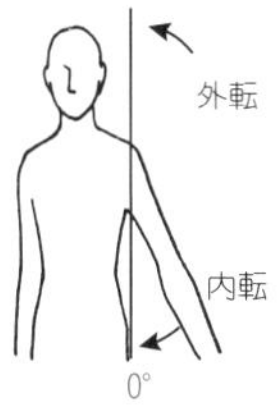
	内転	0				
	外旋	60	肘を通る前額面への垂直線	尺骨	上腕を体幹に接して，肘関節を前方90°に屈曲した肢位で行う。前腕は中間位とする。	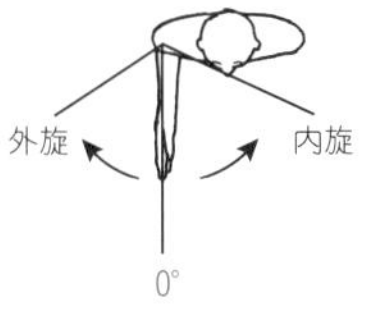
	内旋	80				
肘	屈曲	145	上腕骨	撓骨	前腕は回外位とする。	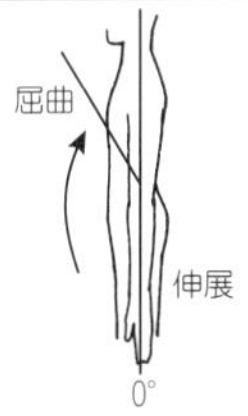
	伸展	5				
前腕	回内	90	上腕骨	手指を伸展した手掌面	肩の回旋が入らないように肘を90°に屈曲する。	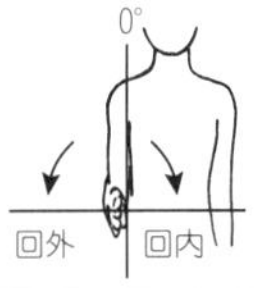
	回外	90				
手	屈曲（掌屈）	90	撓骨	第2中手骨	前腕は中間位とする	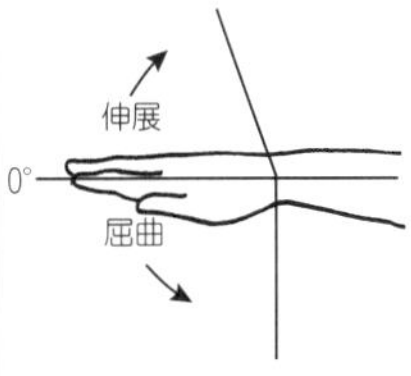
	伸展（背屈）	70				
	撓屈	25	前腕の中心線	第3中手骨	前腕を回内位で行う。	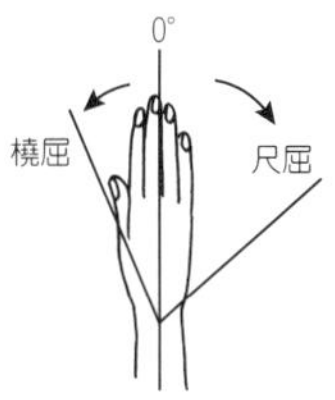
	尺屈	55				

7

第Ⅰ部　協調運動の発達とその問題

ニ　手指

部位名	運動方向	参考可動域角度	基本軸	移動軸	測定肢位および注意点	参　考　図
母指	撓側外転	60	示指（撓骨の延長上）	母指	運動は手掌面とする。以下の手指の運動は，原則として手指の背側に角度計を当てる。	
	掌側外転	90			運動は手掌面に直角な面とする。	
	屈曲(MCP)	60	第1中手骨	第1基節骨		
	伸展(MCP)	10				
	屈曲(IP)	80	第1基節骨	第1末節骨		
	伸展(IP)	10				
指	屈曲(MCP)	90	第2-5中手骨	第2-5基節骨		
	伸展(MCP)	45				
	屈曲(PIP)	100	第2-5基節骨	第2-5中節骨		
	伸展(PIP)	0				
	屈曲(DIP)	80	第2-5中節骨	第2-5末節骨		
	伸展(DIP)	0			DIP は10°の過伸展をとりうる。	

表1-1の手の把握のウとエを参照）ができるようになることを報告している。Halverson（1931）が想定した把握の発達過程は，Gesell & Amatruda（1974）の発達診断学の中にも取り入れられており，また，近年おこなわれた追試によっても，この知見は支持されている（Hohlstein, 1982；Siddiqui, 1995）。

　Halverson（1931）や Gesell & Amatruda（1974）は，「到達」「把握」「離す」などの把握の基本的動作の獲得過程の検討から，乳児の把持機能の発達が神経系の発達と密接に関係していることを指摘している。すなわち，乳児の把握が，加齢に伴い手掌

第 1 章　乳幼児期における運動発達

全体の摑みから指の対向による掴む把握へと推移していく過程は，何れの乳児でもほぼ共通して順序性が保たれており，身体の中心に近い手首，手掌から次第に末梢である指先へと把握動作が進んでいく。山下（1955）は，この把握の発達推移にも運動発達の原則が認められることを指摘している。

　乳児期に随意的把握の基本的動作を身につけた子どもは，幼児期になるとさらに微細な手の動きを獲得し，手を用いたかなり複雑な操作を次々と獲得していく。このような手の微細な機能発達については，手による木，小球，紐などの操作を調べた Gesell & Amatruda（1974）や，箸などの持ち方を調べた山下（1955）により，手の各種動作が可能となる時期がある程度明らかにされている。しかし，これらの幼児の手の運動機能発達に関する研究は，何れもそれぞれの動作を習得する平均的な時期を調べることに主眼が置かれていて，幼児の把握や操作について神経系成熟の観点から十分に検討されていない。

（4）上肢運動の発達過程

　把握動作の発達に関する先行研究を基に，整形外科的見地から，子どもが出生してから幼児期に至るまでの上肢運動機能の発達過程について，Illingworth（1975）と泉類（1986）が以下のように詳細に報告している。

　新生児の母指は，内転，屈曲して手掌に位置し（thumb in palm），母指以外の指も屈曲した状態であるが，時折無意識の動きとして手を開き，母指と他指を伸展する。この状態は，生後 4 週間位まで続くが，その後は個々の指を支配する筋が徐々に強さを増し，また，それらを随意的に調節できるようになる。生後 8 週頃には，把握反射消失に伴い手指は開いている時間が長くなる。そして，生後12週を過ぎる頃には，ガラガラを摑んだり着物を引っ張り始めるが，この時期の把握は進化論的にも最も原始的で，母指以外の 4 本の指と手掌を用いた尺側優位である。生後36週を過ぎると母指と他指の対立運動を示すようになり，母指と示指とで小さな物を摘む palmar pinch が可能になる。生後40週になると，手に持ってる物を人に差し出すようになるが，意図して手離すことはできず，屈筋群の随意的調節によって，離す行動ができるようになるのは生後 1 歳以降である。生後 1 歳半頃には指の屈筋群を随意的に緩めて，手に持った物を正確に離すことができるようになり，2 つの積木を重ねて塔を作ることも可能になる。

　また，1 歳半位になると，ファスナーを開く lateral pinch が可能となり，power grip の形態でスプーンやペンを把握し，描画や食事などができるようになる。2 歳では，ドアの取手を回すなどの力強い power grip と力を緩めて橈側 3 指で操作する palmar pinch の組合せ動作が可能になる。生後 3 年目には，衣服のボタンをはずすなどの巧妙な pinch 動作ができるようになり，3，4 歳で漸く力を緩めて母指，示指，中指の 3 指（tripod）で鉛筆を持つ palmar pinch の形態がとれるようになるのである。

第Ⅰ部　協調運動の発達とその問題

図表 1 - 5　遠城寺式・乳幼児分析的発達検査における「手の運動」と「基本的習慣」の項目
＊主に協調運動と関連した項目を抽出した

	手の運動	基本的習慣
0ヵ月～1ヵ月	手にふれたものをつかむ	
1ヵ月～2ヵ月	手を口にもっていってしゃぶる	
2ヵ月～3ヵ月	頬にふれたものを取ろうとして手を動かす	
3ヵ月～4ヵ月	おもちゃをつかんでいる	スプーンから飲むことができる
4ヵ月～5ヵ月	ガラガラを振る	
5ヵ月～6ヵ月	手を出してものをつかむ	ビスケットやクッキーなどを自分で食べる
6ヵ月～7ヵ月	おもちゃを一方の手から他方に持ちかえる	コップから飲む
7ヵ月～8ヵ月	親指と人さし指でつかもうとする	
8ヵ月～9ヵ月	おもちゃのたいこをたたく	コップなどを両手で口にもっていく
9ヵ月～10ヵ月	びんのふたを、あけたりしめたりする	
10ヵ月～11ヵ月	おもちゃの車を手で走らせる	コップを自分で持って飲む
11ヵ月～1歳0ヵ月	なぐり書きをする	スプーンで食べようとする
1歳0ヵ月～2ヵ月	コップの中の小粒をとり出そうとする	お菓子のつつみ紙をとって食べる
1歳2ヵ月～4ヵ月	積木を二つ重ねる	自分の口もとをひとりでふこうとする
1歳4ヵ月～6ヵ月	コップからコップへ水をうつす	パンツをはかせるとき両足をひろげる
1歳6ヵ月～9ヵ月	鉛筆でぐるぐる○をかく	ストローで飲む
1歳9ヵ月～2歳0ヵ月	積木を横に二つ以上ならべる	
2歳0ヵ月～3ヵ月	鉄棒などに両手でぶらさがる	ひとりでパンツを脱ぐ
2歳3ヵ月～6ヵ月	まねて直線を引く	こぼさないでひとりで食べる
2歳6ヵ月～9ヵ月	まねて○をかく	靴をひとりではく
2歳9ヵ月～3歳0ヵ月	はさみを使って紙を切る	上着を自分で脱ぐ
3歳0ヵ月～4ヵ月	ボタンをはめる	顔をひとりで洗う
3歳4ヵ月～8ヵ月	十字をかく	鼻をかむ
3歳8ヵ月～4歳0ヵ月	紙を直線にそって切る	入浴時、ある程度自分で体を洗う
4歳0ヵ月～4ヵ月	はずむボールをつかむ	
4歳4ヵ月～8ヵ月	紙飛行機を自分で折る	ひとりで着衣ができる

筆記具の把握は，このように子どもの上肢運動が発達的に推移した結果，初めて可能になると言えよう。

　以上，子どもの上肢運動発達の推移について述べてきたが，子どもの筆記具操作の発達は，子どもの上肢運動機能の発達を反映したものであることが推測される。しか

第1章　乳幼児期における運動発達

図表 1 − 6　KIDS 乳幼児発達スケールにおける「操作」と「しつけ」の項目

＊主に協調運動と関連した項目を抽出した

月　齢	操作項目
2ヵ月	手に触れたものを握っている
3ヵ月	授乳時に母親の服などを引っぱる
4ヵ月	ガラガラなどを握らせると振り回す
5ヵ月	ガラガラなどをさし出すと手を出して摑む
6ヵ月	紙を引っぱってやぶる
8ヵ月	落ちている小さな物をひろう
9ヵ月	棒やおもちゃのハンマーなどで何かをたたく
10ヵ月	箱のふたなどを開けようとする
11ヵ月	テレビのスイッチなどを入れたり切ったりする
1歳0ヵ月	自動車などを手で走らせて遊ぶ
1歳2ヵ月	鉛筆でめちゃくちゃ書きをする
1歳3ヵ月	積み木を2つ積み重ねる
1歳4ヵ月	ドアを一人で開閉する
1歳6ヵ月	ぐるぐる書きができる
1歳8ヵ月	積み木を3つ積み重ねる
1歳10ヵ月	砂場でスコップを使って穴を掘る
2歳1ヵ月	砂場で山を作る
2歳4ヵ月	むすんでひらいてを歌いながらできる
2歳8ヵ月	折り紙を半分に折ることができる
3歳0ヵ月	砂場で水を使って池を作る
3歳3ヵ月	まねて十字が書ける
3歳7ヵ月	ハサミで簡単な形を切る
3歳10ヵ月	人などを描く
3歳11ヵ月	クレヨンで色を使い分けて絵を描く
4歳4ヵ月	砂場で砂山にトンネルを通す
4歳6ヵ月	自動車、花など思ったものを絵にする（それらしく見えればよい）
5歳0ヵ月	クレヨンと絵の具を使いわける
5歳2ヵ月	経験したことを絵にする（それらしく見えればよい）
5歳4ヵ月	カセットテープデッキを操作できる
5歳7ヵ月	菱形が書ける
6歳0ヵ月	聞いたことを絵にする（それらしく見えればよい）
6歳10ヵ月	折り紙で鶴が折れる

月　齢	しつけ項目
1歳4ヵ月	自分で自分の口もとをふこうとする
1歳11ヵ月	お風呂で石鹸をつけて体を洗おうとする
2歳0ヵ月	衣服の脱着を自分でしたがる
2歳3ヵ月	服のスナップを自分ではずす
3歳1ヵ月	口をすすぐことができる
3歳3ヵ月	箸が使える
3歳5ヵ月	自分でパジャマが着られる
3歳7ヵ月	ジャンパーなどの上着を自分で着る
3歳10ヵ月	顔を自分で洗う
4歳0ヵ月	自分で大便の後のおしりが拭ける
4歳1ヵ月	歯磨きを自分からやる
4歳2ヵ月	入浴後、体を自分で拭く
4歳8ヵ月	食器を洗い場へ持って行くなど、食事の後かたづけを手伝う
5歳8ヵ月	自分で頭が洗える

第Ⅰ部　協調運動の発達とその問題

し，さらに，その上肢運動機能の発達の背景には身体運動機能の発達が基盤にあることから，筆記具操作の発達を詳細に検討していくことは，子どもの基本的な運動発達を検証していく上でも大変重要であると考えられる。

3　協調運動

　協調運動とは，身体各部が相互に調整を保って行う運動である。それは，視知覚・触覚・固有覚・位置覚などの感覚の入力から，運動制御の出力までの一連の脳機能に関わるプロセスによって実現する。成人の協調運動障害は，脳障害や小脳障害によって生じることが知られているが，それ以外にも，協調性をつかさどる経路のどこに変調があっても，協調運動の問題が生じることが考えられる。

　子どもの場合は，誕生時には随意運動ができない状態であるため，随意運動を獲得し，さらにそれを協調させて動かすには，ある程度成長を待たなくてはならない。子どもが小さいほど，協調運動の発達が遅れているのか，それとも協調運動に障害があるのかを見極めるのは難しい。

　一般に，協調運動は，四肢や手指の協調，姿勢制御，手と目の協応などを必要とする運動を調べることにより評価できる。しかし，実際には，協調運動を必要とする動作は，生活場面のあらゆる場面に存在する。たとえば，食事で箸やナイフ・フォークを使うこと，衣類の着脱でボタンかけや紐結びをすること，筆記具で字や絵を書くこと，鋏や定規などの道具を使うこと，折り紙やシール貼りをすること，ピアノやリコーダーなど楽器を操作することなどである。そのため，協調運動の発達の遅れは，ある程度日常生活の中で把握することができ，「不器用だ」「下手だ」「拙い」などと言っているのがそれにあたる。発達の指標がほしければ，発達検査の身辺自立の領域をみればわかる。たとえば，遠城寺式乳幼児分析的発達検査では，「手の運動」領域と「基本的習慣」領域の項目が，協調運動に関わる内容である（図表1-5）。また，KIDS 乳幼児発達スケールでは，協調運動に関わる内容は，「操作」領域と「しつけ」領域に相当する（図表1-6）。これらの検査で示されている各項目の年齢基準をみれば，子どもの協調運動の発達状況をある程度把握することができる。しかし，生活場面での日常動作をみるだけでは，正確な協調運動を測定することはできないため，協調運動の遅れや障害が疑われる時には，協調運動を評定するアセスメントをおこなわなければならない。

　近年，協調運動の発達の問題である発達性協調運動障害（Developmental Coordination Disorder：DCD）が注目されている。これまで，子どもの不器用さは，発達が晩熟であるとか，経験がたりないためだと捉えて，適切な対応を取らないことが多かったが，前述したように協調運動障害は，脳機能に関わる一連のプロセスの変調によって起こるのでそのままにしておいてはいけない。

第2章　手先の不器用さをもつ子どもの特徴

1　手先の不器用さをもつ子どもとは

　子どもの手指の巧緻性については，現代社会では子どもの手先が不器用になっているという警鐘がなされ（谷田貝，1986），主に，家庭におけるしつけや幼児教育の面から関心が寄せられてきた。また，脳科学の立場からは，手を動かすことが脳を活性化するという知見が出され（久保田，1982），幼児期において手を使うことの重要性が叫ばれることになった。

　一方で，従来から発達障害児が手先の不器用さをもっていることが指摘されてきた。特に，学習障害（Learning Disorder：LD）の特性として手先の不器用さがあげられていた時期もあった。1990年代前半までは，学習障害の基盤に感覚・知覚運動の問題があると考えられていたが，その後学習障害のすべての子どもに運動発達の問題があるわけではないことが明らかになった。また，手先の不器用さは，注意欠如・多動性障害（Attention Deficit / Hyperactivity Disorder：ADHD）児や自閉症スペクトラム障害（Autism Spectrum Disorder：ASD）児など発達障害全般に認められる特性であるため，学習障害児だけに特化できないということから，現在では学習障害の中核的特性からはずされている。とはいえ，実際に学習障害など発達障害の子どもに手先の不器用さが認められることは事実であるため，手先の不器用さについての支援が以前より求められていた。

　近年，アメリカ精神医学会の精神疾患の分類と診断の手引（Diagnostic and Statistical of Mental Disorders：DSM）において発達性協調運動障害（Developmental Coordination Disorder：DCD）が設定され，発達障害としての手先の不器用さに対して関心が寄せられるようになった。DCD は，知的障害や神経疾患などはないが，協調運動技能が劣っている状態であり，いわゆる身体的運動の不器用さや手先の不器用さを抱えている。欧米では，20世紀末から積極的に議論されるようになり，診断も広まっているが，我が国では，まだまだ認知度が低く，DCD と診断されるケースも少ない状況である。したがって，従来手先が不器用であると言われてきた子どもには，手を使わなくなった現代社会の縮図として表れている場合と，DCD の症状をもっている場合が，混在していると言えよう。

第Ⅰ部　協調運動の発達とその問題

　子どもの手先が不器用な場合には，手先を使う機会をたくさん与えることが何より
も重要である。現代社会の影響として不器用となった子どもには，親や保育者が現代
社会の状況をよく鑑みて，子どもが手先を使う状況を家庭場面や保育場面に意図的に
作り出していく必要がある。最近では，手先を使う玩具もたくさんそろっているので，
それらで遊ぶことでもよいだろう。

　しかし，それらの子どもに比べて，DCD 児の不器用さのレベルはかなり高く，単
なる不器用として扱うわけにはいかない。先行研究では，DCD 児への幼児期におけ
る適切な支援が大変有効であることが指摘されている。逆に，適切な支援が受けられ
ず，不器用なままに幼児期，そして学齢期と過ごすうちに，二次的障害として学校や
社会への不適応を起こすことが知られている。DCD 児についても，家庭場面や保育
場面で手先を使う状況を増やすことが基本であるが，単に増やしてやらせるだけでは，
かえって自分が上手くできないことが繰り返されるだけで自信をなくすばかりである。
そこで，DCD 児の手先の不器用さをアセスメントして，その症状にあわせた支援が
必要である。今後，我が国での DCD の社会的認知度が高まり，適切な支援が充実す
ることが期待される。

2　発達性協調運動障害（DCD）

　子どもの身体の不器用さに関しては，1930年代に発達障害としての不器用（clumsi-
ness）の症候が注目され，1975年には，不器用児症候群（Clumsy Child Syndrome）と
して定義された。協調運動の問題をもつ子どもは，それ以後30年以上にわたって，
様々な名称がつけられてきた。たとえば，発達性失行症（Developmental Apraxia），微
細脳機能障害（Minimal Brain Dysfunction：MBD），発達性統合運動障害／ディスプラ
クシア（Developmental Dyspraxia），視知覚‐運動機能障害（Perceptuo-motor Dysfunc-
tion），身体的不器用さ（Physically Awkwardness），特異的発達性運動機能障害
（Specific Developmental Disorder of Motor Function）などである。これらの名称の混乱
と相まって，この障害をメンタルヘルスの問題として正式に認められてこなかった。
そこで，1994年のロンドンでの国際会議で，ようやく障害名の統一について議論され，
不器用な子どもを DCD として認識すべきであるという結論にいたった。2011年にス
イスで行われた第 9 回 DCD 国際学会で，DCD のアセスメントと診断の新しいガイ
ドラインがだされた。このガイドラインは，Developmental Medicine & Child Neu-
rology（Blank et al., 2012）に掲載されている。

　これまで最も引用されてきた統計では，DCD は，学齢児の 5〜6 ％に認められる
と言われていたが（Gaines et al., 2008；Kadesjo & Gillberg, 1998），最近のメタ分析では 5
〜10％の頻度であるとの報告がある（Wilson et al., 2013）。男児が圧倒的に多く，男女
比は 2：1 〜 5：1 とも言われている。DCD は，日常生活において運動発達の遅れや

14

第2章　手先の不器用さをもつ子どもの特徴

図表2-1　DSM-5における発達性協調運動症の診断基準

> 発達性協調運動症／発達性協調運動障害（Developmental Coordination Disorder：DCD）
> A. 協調運動技能の獲得や遂行が，その人の生活年齢や技能の学習及び使用の機会に応じて期待されるよりも明らかに劣っている。その困難さは，不器用（例：物を落とす，または物にぶつかる），運動技能（例：物を掴む，はさみや刃物を使う，書字，自転車に乗る，スポーツに参加する）の遂行における遅さと不正確さによって明らかになる。
> B. 診断基準Aにおける運動技能の欠如は，生活年齢にふさわしい日常生活活動（例：自己管理，自己保全）を著明および持続的に妨げており，学業または学校での生産性，就労前および就労後の活動，余暇，および遊びに影響を与えている。
> C. この症状の始まりは発達段階早期である。
> D. この運動技能の欠如は，知的能力障害（知的発達症）や視力障害によってはうまく説明されず，運動に影響を与える神経疾患（例：脳性麻痺，筋ジストロフィー，変性疾患）によるものではない。

図表2-2　ICD-10における運動機能の特異的発達障害

> 運動機能の特異的発達障害（Specific Developmental Disorder of Motor Function：SDDMF）
> A. 標準化された微細または粗大な協調運動の検査における評点が，その小児の暦年齢を基にして期待される水準から，少なくとも2標準偏差以下である。
> B. 基準A項の障害のために，学業成績あるいは日常生活の活動に明らかな支障を来している。
> C. 神経学的障害の所見はない。
> D. 主要な除外基準：標準化された検査を個別に施行して，IQが70以下。

協調運動の困難のために日常生活を円滑に遂行できない状態である。DCD は，明確な医学的あるいは神経学的な証拠が示されていないが，アメリカ精神医学会の診断マニュアルである DSM に初めて取り上げられたのは1987年に出版された DSM-Ⅲ-R からである。それ以後，DSM が改訂されても発達性協調障害（DCD）という診断名は変わらず，現在の DSM-5 にいたっている。DSM-5 では，図表2-1に示す DCD の診断基準が呈示されている。なお，WHO の国際疾病分類である ICD-10 では，DCD は，運動機能の特異的発達障害（Specific Developmental Disorder of Motor Function：SDDMF）に該当する（図表2-2）。運動機能の特異的発達障害（SDDMF）は，さらに F82.0 粗大運動機能障害（gross motor dysfunction）と F82.1 微細運動機能障害（fine motor dysfunction）の2つに分けられている。

　日常生活においては，DCD 児は，年齢相応の学業課題や身辺自立課題をこなすことが難しく，親や先生から不器用（clumsy）と呼ばれていることが多い。各年齢段階で DCD 児にみられる不器用さを図表2-3に示す。不器用さが見られるようになるのは概ね幼児期以降であるが，すでに乳児期から「ミルクを飲むときにむせやすい」「寝返りがうまくできない」「離乳食をあまり食べない，食べるのが遅い」などの徴候があるとも言われている。しかし，最も問題が全面にでてくるのは，学業の遂行度を問われる学齢期になってからである。小学校になると，手先の不器用さから勉強の進度に追いつけなくなるなど問題が顕著化する。また，自分の不器用さを自覚して自信をなくすこともでてくる。DCD 児は，知的な問題をもたないが，このような協調運動の困難は，学業，社会適応，情緒的発達に影響を与えるのである。かつては，成人

15

第Ⅰ部　協調運動の発達とその問題

図表2-3　DCD児がかかえる不器用さの問題

幼児期の問題	
操　作	・塗り絵がきれいに塗れない ・鉛筆やクレヨンがうまく使えない ・はさみがうまく使えない ・のりなどを使うと手がべとべとになる ・セロテープがうまく切れない，貼れない ・折り紙がうまく折れない ・包装したものが開けられない
運動・姿勢	・階段の昇り降りが下手，何となくおかしい ・三輪車に乗るのが下手 ・公園の遊具でうまく遊べない ・物や人によくぶつかる ・なんでもないところでもよく転ぶ ・姿勢よく座れない
身辺自立	・スプーン，コップなどがうまく使えない，よくこぼす ・よく物を落とす，こぼす ・靴を履くのが遅い，難しい ・着替えが遅い，難しい ・ボタンをはめることが遅い，難しい ・ファスナーを上げるのが遅い，難しい
学童期の問題	
書字・描画動作	・塗り絵で線からはみだす ・線がまっすぐ引けない ・行が乱れる ・字をマスの中に入れて書くのが難しい，マスからはみ出す ・筆圧が強すぎる又は弱すぎる ・字が汚い，乱雑である
物の操作	・ハサミがうまく使えない ・消しゴムで消すと紙が破れる ・定規をおさえられずにずれる ・コンパスがうまく使えない ・リコーダー・鍵盤など楽器操作が苦手 ・パズルを組み立てたり，模型を作るのが苦手
運動・姿勢	・運動（球技，バドミントン，縄跳び，鉄棒，体操など）が苦手 ・リズム感がない，ダンスが苦手 ・自転車が乗れない ・階段の上り降りがぎこちない ・姿勢よく長時間座れない
身辺自立	・靴紐がうまく結べない ・お箸をうまく使えない ・雑巾がうまく絞れない

になれば，不器用さの問題はなくなると考えられていたが，現在では，子ども時代の不器用さはそのまま成人期まで持ち越すと言われている。そして，その過程で，上述したように学業や情緒的発達に関する二次的困難を抱えることもわかっている。DCD に対する医学的治療はないが，早期介入が DCD だけでなく，それと関連する情緒的，身体的，社会的リスクを軽減することが報告されている。

　DCD の原因については，まだ統一した見解が出されていない。可能性のある要因としては，遺伝的素因，微細な神経学的異常，情報処理の不全，劣悪な成育環境などがあげられている。一般的には，運動プランニング（motor planning）に関する大脳皮質性のプロセスの問題であると考えられている。そのプロセスは，1. 運動目標の設定，2. 運動プランニング，3. 協調運動の実行，4. フィードバックからなる。一方では，DCD 児が運動スキルの獲得や実行に関係する認知 - 運動的要因が全般的に乏しいために生じている（Henderson & Henderson, 2002），あるいは身体活動領域に関する認知基盤の弱さがある（Wall, et al., 1990）という認知の問題も指摘されている。

3　発達性協調運動障害と他の発達障害との合併

　DCD は，注意欠如・多動性障害（ADHD），学習障害（LD），自閉症スペクトラム障害（ASD），特異的言語障害（Specific Language Impairment：SLI）などの他の発達障害と合併していることが多いことがわかってきた。DCD が ADHD や LD と合併しているという多くの報告がある。また，DCD と ASD や SLI との間にも関係があることが示されている。DCD だけを単独にもっている子どもの方が少ないともいわれている。このことから，多くの研究者が，これらの発達障害に共通した因子があるのではないかと考え始めている。これに関して次のような見解が出されている。ASDや ADHD は社会性の問題をもっているが，この社会性は協調運動と同様に，自己を基準に他者や周囲の環境を認識するプロセスが必要である。そのため，社会性と協調運動に共通した神経基盤として「身体化による認知（embodied cognition）」があるのではないかという示唆がなされている。実際，ASD や ADHD で異常が報告されている前頭前野，基底核，小脳などは，協調運動にも深く関わる部位であるため（Nakai, 2012b），ASD や ADHD の中核症状である社会性の問題は，協調運動障害と共通した因子を通して関連しあっている可能性は考えられる。

　一方，日本版ミラー幼児発達スクリーニング検査（JMAP）を用いた研究では，幼児期の ASD 児と ADHD 児ともに言語面，視覚面よりも運動面で高頻度にスコアの低下が認められた（岩永，2014）。また，幼児期の知的障害を伴わない ASD 児には運動面の問題が多いことがわかっている。学齢期の学習の問題の有無と幼児期の運動スコアに関連がみられるとの報告もある（岩永ほか，2002）。これらの研究から，運動面の評価が発達障害児の早期発見に重要な情報をもたらすと考えられている。

第Ⅰ部　協調運動の発達とその問題

図表 2 - 4　ADHD と DCD の合併率（Kadesjö & Gillberg, 1998）

中度 ADHD だけ 5.4%	重度 ADHD だけ 2.0%
中度 ADHD と DCD 5.4%	重度 ADHD と DCD 1.7%
中度と重度の DCD だけ 7.3%	

以下，発達性協調運動障害と合併すると言われている発達障害について述べていく。

（1）注意欠如・多動性障害（ADHD）

ADHD の子どもが，DCD を合併する確率は大変高く，多くの研究では，ADHD 児の約50％が DCD を合併していると言われている（Watemberg, et al., 2007）。特に，ADHD の多動・衝動タイプよりも不注意タイプが運動障害を高い確率で有しているという報告がある。Kadesjö & Gillberg（1998）は，スェーデンの 7 歳児について ADHD と不器用との関係を調べたところ（図表 2 - 4），7 歳児のうち，ADHD と DCD の合併は7.1％であり，単独の ADHD が7.4％，単独の DCD が7.3％であったと報告している。これは，DCD 児の半分と ADHD 児の半分は，両障害を合併していることを示している。我が国では，Nakai（2012）が質問紙調査で予備的検討をおこない，単独の ADHD は4.2％，単独の DCD は3.8％，ADHD と DCD の合併は1.3％であったことを報告している。

このように発達性協調運動障害と ADHD は併存しやすいため，Gillberg et al.（1982）は，注意欠如と運動知覚障害を併せもつ DAMP 症候群（Deficits in Attention, Motor Control and Preception：DAMP／注意・運動制御・認知における複合的障害）という概念を提唱している。

実際には，DCD と ADHD のどちらか一方だけの障害であるかあるいは両方を合併しているかの判断は難しい。DCD 児は，身体と関節を安定的に保つことが難しいので，注意が集中できず，いつも動いている。また，DCD 児は，運動スキルを必要とする課題をさけ，その代わりクラス内を歩き回ることもあるだろう。逆に，ADHD は，不注意のために状況をよく見ずに動くので，動きが不器用である。また，多動性のため，他の子どもにぶつかり，ボール競技中に集中するのが困難である。このように，DCD と ADHD の行動が似ているため，両者を区別することが難しいのである。

（2）学習障害（LD）

LD もまた DCD を合併している確率が高く，LD の17.8％に協調運動障害が見ら

れることが報告されている（Margari et al., 2013）。学校場面では，これまでも DCD 児が学習困難をもち，読み，書き，算数，綴りの成績が悪いことが知られていたが，実際に，DCD と読字障害及び書字障害との合併頻度が高いことが多くの研究により指摘されている（Tseng et al., 2007；Kaplan et al., 2001；Montgomery, 2008；Iversen et al., 2005）。

DCD に学習困難が併存することは，知覚運動機能障害の指標となる。Montgomery（2008）は，書字の滑らかさや速度が正確な綴りの基礎となることを指摘している。

（3）自閉症スペクトラム障害（ASD）

ASD 児もまた DCD と関係していることが知られている（Green et al., 2002；Kopp et al., 2010；Wisdom et al., 2007）。ASD 児にも79％に明らかな運動面の問題がみられたことが報告されている（Green et al., 2009）。Lingam et al.（2009）が人口学的研究を行ったところ，重度 DCD 児122名中10名に，中度 DCD 児222名中 9 名にASD が，見つかった。

ICD-10 では，アスペルガー障害の説明として「著しい不器用であることが普通である」との記載がある。また，DSM では，DSM-Ⅳ のアルペルガー障害の規準の中に「運動の不器用さ・ぎこちなさがあるかもしれない」とある。さらに DSM-5 では，DCD における ASD の併存を認めており，診断基準においても DCD と ASD が合併することが認知されるようになっている。

（4）特異的言語障害（SLI）

DCD と SLI の合併は，言語に問題をもつ子どもの70％以上に見られる（Scabar, et al., 2006）。このような 2 つの障害の間の高率の合併は，研究者に，運動障害と言語障害に共通する原因があると疑わせることになった。

DCD と SLI の合併では，子どもが運動由来の問題，言語由来の問題をもっているかをみることになる。言語由来の問題では，以下のことを理解したり表現したりすることの困難さである。

> 意味論—言葉の意味の間違い，会話量の制限，語彙の制限，新しい言葉が覚えられない，文字や語彙が見つけられない
> 文　法—短い文章のような文章構造の間違い，単純な文法構造，文法の制限，文章の主要部分から離れる，使われない語順の使用
> 発　音—会話音声の間違い，不明瞭でゆっくりした会話，会話の強調が困難，音節の繰り返し

第3章　協調運動の発達アセスメント

　本書は，描画結果を指標にして手先の不器用さを調べる検査を提案しているが，微細運動や協調運動の発達を調べるには，様々な検査方法がある。一般的には，発達検査の1領域として運動領域や操作領域が取り上げられているので，それにより一定の発達状況がわかる。それに対して協調運動に特化した検査では，詳細な協調運動の発達段階が調べられる。これらの検査の具体的な方法としては，物の操作を通して協調運動を調べる方法，手指そのものの動きを調べる方法，本書と同様に，描画や書字などを指標にして調べる方法に大きく分けられる。以下，協調運動を調べる様々な検査を紹介していく。

1　発 達 検 査

　乳幼児期の運動発達は，精神発達を反映しているため，乳幼児の発達を調べる際には運動発達の評価が欠かせない。今日の発達検査の礎となったビューラー（Bühier, C）の「小児検査」とゲゼル（Gesell, A. L.）の「発達診断」においても，「小児検査」では身体運動の領域が，「発達診断」では運動行動（微細・粗大）の領域が設定されており，その後に開発された発達検査でも，運動発達に関する領域が組み入れられている（図表3-1）。Bayley-Ⅲ乳幼児発達検査と DENVERⅡデンバー発達判定法では，粗大運動と微細運動の領域が設定されている。また，遠城寺式乳幼児分析的発達検査法では，粗大運動に相当するのが「移動運動」であり，微細運動に相当するのが「手の運動」である（図表3-1）。しかし，運動と認知とは関係していること，また実際の活動では，物の操作の中で微細運動が認められることから，認知や操作の領域として取り上げられることも多い。新版K式発達検査2001では，粗大運動に関する内容は「姿勢・運動」領域に，微細運動に関係する内容は「認知・適応」領域に含まれる。乳幼児精神発達診断法では粗大運動が「運動」，微細運動が「探索」と「生活習慣」に含まれている。KIDS乳幼児発達スケールでは，粗大運動が「運動」，微細運動が「操作」と「しつけ」に含まれている（図表3-1）。

　発達検査に組み入れられている協調運動の関連領域に関しては，他の領域と比較して優劣があるかどうかを調べるには有効である。しかし，発達検査における協調運動に関する項目は，各発達段階の主要な内容だけが記載されており，協調運動だけの詳

第3章　協調運動の発達アセスメント

図表3-1　主な発達検査（尾崎（2010）を一部改変）

名称	原著者 日本版著者	適用年齢	構成領域
新版K式発達検査2001	新版K式発達研究会	0歳〜成人	①姿勢・運動，②認知・適応，③言語・社会
Bayley-Ⅲ 乳幼児発達検査	Bayley, N.	1〜42ヵ月	①認知，②言語（表出言語，受容言語），③運動（粗大運動，微細運動）
DENVERⅡ デンバー発達判定法	Frankenburg, W. K. 日本小児保健協会	0〜6歳	①個人−社会，②微細運動−適応，③言語，④粗大運動
遠城寺式乳幼児分析的発達検査法［九大小児科改訂版］	遠城寺宗徳・合屋長英	0〜4歳8ヵ月まで	①移動運動，②手の運動，③基本的習慣，④対人関係，⑤発語，⑥言語理解
乳幼児精神発達診断法 　1）0才〜3才まで 　2）3才〜7才まで	津守真・稲毛敦子・磯部景子	0〜7歳	1）①運動，②探索・操作，③社会，④食事・排泄・生活習慣，⑤理解・言語 2）①運動，②探索，③社会，④生活習慣，⑤言語
KIDS 乳幼児発達スケール 　1）タイプA：1〜11ヵ月 　2）タイプB：1〜2歳11ヵ月 　3）タイプC：3〜6歳11ヵ月	三宅和夫（監修）	1ヵ月〜6歳11ヵ月	①運動，②操作，③言語理解，④言語表出，⑤概念，⑥社会性（対成人），⑦社会性（対子ども），⑧しつけ⑨食事（タイプA，B）

細なアセスメントにはならない。協調運動だけに焦点を絞ったアセスメントをするには，次の協調運動に関する検査で調べる必要がある。

2　運動発達に関する検査

　発達検査の中に運動領域の課題が組み込まれていることを前述したが，ここでは，運動発達だけに特化した検査をあげてみよう。現在，普及している運動発達に関する主な検査を図表3-2に示す。

　運動発達検査と一口に言っても，開発された目的は様々である。MKS幼児運動能力検査のように運動能力そのものを測定する検査は，以前より作成されてきた。最近では，協調運動の稚拙さとして不器用さ（clumsiness）が注目され，発達性協調運動障害が診断名として定着すると，様々な協調運動に焦点化した検査が開発されるようになった。また，一方で，作業療法の分野では，感覚統合が問われるようになり，感覚と運動のアセスメントがおこなわれている。

3　発達性協調運動障害（DCD）のアセスメント

　運動の協調性は，運動神経系，感覚神経系，筋および骨関節系などの運動発現に必要な身体要素すべてが関連し，視知覚，触覚，固有覚，位置覚など感覚入力から，出力である運動制御までの一連のプロセスにおいて遂行される。そして，協調運動障害とは，その運動発現に関わる数々の要素の機能不全により運動の協調性が低下した状

第Ⅰ部　協調運動の発達とその問題

図表 3-2　運動発達に関する主な検査（岩永（2016）を一部改変）

Developmental Coordination Disorder Questionnaire 2007 (DCDQ-R)	Wilson, B. N. Crawford, S. G. Green., D. Roberts, G. Aylott, A. Kaplan, B. J.		5〜15歳	10〜15分	個別または集団	質問紙。巧緻運動や粗大運動に関する15項目からなる。
Motor Observation Questionnaire for Teachers (MOQ-T)	Schoemaker, M. M.		5〜11歳	5分	個別または集団	質問紙。巧緻運動や粗大運動に関する18項目からなる。
日本版幼児発達スクリーニング検査（JMAP）	Miller, L. J.	1988年 日本感覚統合学会	2歳9ヵ月〜6歳2ヵ月	30〜40分	個別	感覚運動，言語，非言語的認知能力など。26項目。
JPAN 日本版感覚処理・行為機能検査（JPAN）	日本感覚統合学会	2011年 日本統合感覚学会	3〜10歳	180分	個別	平衡機能，体性感覚，視知覚・目と手の協調，行為機能の4領域を見る。32項目。
MEPA-II 乳幼児と障害児の感覚運動発達アセスメント	小林芳文	1992年 コレール社	0-72ヵ月	40分		運動・感覚（姿勢，移動，技巧），言語（受容言語，表出言語），社会性（対人関係）。200項目。
Movement-ABC2 (M-ABC2)	Henderson, S. E. Sugden, D. A. Barnett, A.		3〜16歳	テスト：20〜40分 チェックリスト：10分	テスト：個別 チェックリスト：個別または集団	手の巧緻運動，ボールスキル，静的・動的バランスを見る。8〜9項目。
Bruininks-Oseretsky Test of Motor Proficiency 第2版	Bruininks R. H., Bruininks, B. D.		4歳0ヶ月〜21歳11ヶ月	短縮版：15〜20分 全検査：45〜60分	個別	粗大運動スキル，巧緻運動スキルを見る。8領域。
MKS 幼児運動能力検査	幼児運動能力研究会	2011年 幼児運動能力研究会	4〜6歳	20〜30分	個別または集団検査	運動能力検査。6種目。
改訂版 随意運動発達検査	田中美郷	1989年 発達科学研究教育センター	2歳0ヶ月〜6歳11ヶ月	20〜30分	個別検査	手指，顔面・口腔，躯幹・上下肢の運動スキルを見る。6領域

態である。実際には，四肢や手指の協調運動，手と目の協応の問題が生じてくる。そして，発達性協調運動障害（DCD）は，DSM-5 の診断基準（図表2-1）に示されているように，協調運動障害の症状の始まりが発達初期であることを表している。

　DCD は，感覚入力から運動制御出力の一連のプロセスのどこかでアセスメントすることになるが，心理的アセスメントでは視知覚の入力かあるいは運動制御の出力を測定することが中心である。DCD のアセスメントとして，国際的に最もよく使われているのは，Developmental Coordination Disorder Questionnaire 2007（DCDQ-R）日本語版と Movement Assessment Battery for Children -Second Edition（MABC-2）である。しかし，Nakai（2012a，2012b）は，これらに加えて，視知覚，手と目の協応などを評価するために，フロスティッグ視知覚発達検査（Developmental Test of Visual

Perception）などの視覚認知の発達検査を併せて行うことが望ましいと述べている。また，保育士や教師への質問紙法である Motor Observation Questionnaire for Teachers（MOQ-T）日本語版を併用することによって，保育士や教師からの情報を得ることができる。

　なお，DCDQ-R の対象年齢は 5～15 歳であるが，3～4 歳を対象とする場合には Little Developmental Coordination Disorder Questionnaire（Little DCDQ）が，青年から成人を対象とする場合は Adult Little Developmental Coordination Disorder / Dyspraxia Checklist（ADC）がある。なお，これらの日本語版はまだ作成されていない。

　これらの国際的に使われているアセスメント以外にも，我が国で開発された JPAN 感覚処理・行為機能検査がある。これは，協調運動などの子どもの運動面の問題を客観的に捉えることに役立つと言われており，我が国では発達障害児に適応されている（岩永，2016）。

　次に，DCDQ-R と MABC-2 と JPAN 感覚処理・行為機能検査について詳しく述べていく。

（1）Developmental Coordination Disorder Questionnaire 2007（DCDQ-R）

　DCDQ は，DCD を評価するために作成された質問紙法のスクリーニング検査であり，医学的な診断検査ではない。DCDQ は，2000 年に発表されたが（Wilson et al., 2000），その後 2007 年に改訂版が出された（Wilson et al., 2009）。Nakai et al.（2011）は，この改訂版をもとに日本語版を作成した。

　改訂版の日本語版では，対象者は，発達障害及び不器用さや協調運動の稚拙さがある児童生徒であり，適用年齢は，日本語版は 5～15 歳である。保護者あるいは支援者が評定し，実施時間は約 5 分である。質問項目は全部で 15 項目であり，「全く当てはまらない（1 点）」から「全くそのとおり（5 点）」までの 5 件法で回答する。「動作における身体統制（6 項目）」「書字・微細運動（4 項目）」「全般的協応性（5 項目）」の 3 因子で評価する。

（2）Movement Assessment Battery for Children -Second Edition（MABC-2）

　MABC-2 は，現在，世界で最も広く使われている DCD のアセスメントである。Movement Assessment Battery for Children（M-ABC）は，1992 年に英国の Henderson & Sugden（1992）によって開発された。その後，2007 年に改訂し，第 2 版である MABC-2 が作成された。

　M-ABC の対象は，4～12 歳である。4～6 歳，7～8 歳，9～10 歳，11～12 歳の 4 つの年齢層（age band）に分類されている。各年齢層において「手先の器用さ」領域，「ボールのスキル」領域，「静的・動的バランス」領域があり，4 領域計 8 課題で構成される。図表 3-3 に年齢層 1（4～6 歳）の課題を示す。いずれの年齢層でも，「手

第Ⅰ部　協調運動の発達とその問題

図表3-3　M-ABC テスト（年齢層1：4〜6歳）の領域と課題

領　域	検査課題	内　容
手先の器用さ (manual dexterity)	① コイン入れ （posting coins）	12枚のコインを片手でつまみ，できるだけ早く貯金箱に入れる。利き手と非利き手の両方で行う。
	② ビーズのひも通し （threading beads）	12個のビーズを出来るだけ早く紐に通す。
	③ 自転車迷路 （bicycle trail1）	自転車迷路の二本線からはみ出さないように線を引く。
ボールのスキル (ball skills)	④ お手玉受け （catching bean bag）	2m離れた所から投げられたお手玉を，両手で受け取る。10試行行う。
	⑤ ボール転がし （rolling ball into goal）	2m離れた所にあるゴールに，片手でテニスボールを転がす。10試行行う。
静的バランス (static balance)	⑥ 片足立ち （one-leg balance）	片足立ちができる時間（秒）を測定する。左右の足で行う。
動的バランス (dynamic balance)	⑦ 両足ひも跳び越し （jumping over cord）	肩の幅でひざ下の高さに設定されたひもを両足で跳び越す。何回目に成功したかを測定する。
	⑧ つま先立ち歩き （walking heels raised）	床に4.5mのテープを直線に引き，その上をつま先立ちで歩く。歩数を測定する。

先の器用さ」領域では，目と片手の協応，目と両手の協応，書字動作に関わる3課題，「ボールのスキル」領域では，捕捉，的あてに関わる2課題，「静的バランス」領域では姿勢保持にかかわる1課題，「動的バランス」領域では跳躍，歩行に関わる2課題がある。また，これらの子どもに直接実施する個別検査に加えて，評定者の観察をもとにしたチェックリストもあり，幅広い情報をもとにして評価ができるよう工夫されている。

　M-ABC から第2版の MABC-2 への主な変更点は，対象年齢を3歳から16歳11ヵ月まで拡大し，子どもの発達段階を考慮して3〜6歳，7〜10歳，11〜16歳の3つの年齢層（age band）に分類したことである。ただし，チェックリストは，5〜12歳である。MABC-2 でも，「手先の器用さ」領域，「ボールスキル」領域，「静的バランス」領域，「動的バランス」領域の4領域を評価する。課題は，各年齢層において計8項目であるが，課題内容は，年齢層によって少しずつ異なっている。所要時間は，20〜40分程度である。

　年齢層1（3〜6歳）の課題は，「手先の器用さ」領域では，① コイン入れ，② ビーズのひも通し，③ 道たどり（drawing trail），「ボールのスキル」領域では，④ お手玉受け，⑤ マットへのお手玉投げ，「静的バランス」領域では，⑥ 片足立ち，「動的バランス」領域では，⑦ 両足跳び，⑧ つま先立ち歩きである。

　年齢層2（7〜10歳）の課題は，「手先の器用さ」領域では，① ペグ差し，② ナットとボルト，③ 道たどり，「ボールスキル」領域では，④ 片手キャッチ，⑤ 的への

ボール投げ,「静的バランス」領域では, ⑥ 片足バランス,「動的バランス」領域では, ⑦ 継ぎ足歩行, ⑧ マットでの片足跳びである。

年齢層3（11〜16歳）の課題は,「手先の器用さ」領域では, ① ペグ返し, ② ひも通し, ③ 道たどり,「ボールスキル」領域では, ④ 両手キャッチ, ⑤ マットへのお手玉投げ,「静的バランス」領域では, ⑥ 二枚板バランス,「動的バランス」領域では, ⑦ 継ぎ足後ろ向き歩行, ⑧ マットでのジグザク跳びである。

MABC-2には, 2つのカットオフ値として5％と15％が設定されている。5％以下に相当する子どもは, 重篤な運動機能障害と見なされ, 6〜15％の子どもは, リスク群に含まれるとしている（Henderson et al., 2007）。

（3）JPAN 感覚処理・行為機能検査

感覚処理・行為機能検査（Japanese Playful Assessment for Neuropsychologial Abilities：JPAN）は, 感覚統合機能をアセスメントするために, 2011年に日本感覚統合学会によって開発された。JPANには, 感覚処理をとらえる課題と協調運動や統合運動（praxis）を調べる課題が主に含まれており, 発達障害児の運動面の問題を分析的に捉える検査として, 作業療法士を中心に使われている。対象年齢は3〜10歳であるが, 発達障害児の場合は4〜10歳である。実施時間は, 約3時間である。JPANには32項目の感覚処理と運動行為機能の検査が含まれており, ① 姿勢・平衡（バランス）機能, ② 体性感覚識別, ③ 行為機能, ④ 視知覚・目と手の協調の4つの領域で評価する。

検査内容は, ① 姿勢・平衡（バランス）機能では, 静的バランス, 動的バランス, 抗重力姿勢運動, 姿勢背景運動を調べる片足立ち課題, タンデム歩行課題などがある。② 体性感覚識別では, 触れたことに気づけるか, スポンジを触ってわかるかという体性感覚の識別機能を調べる課題がある。③ 運動行為機能では, 全身的な運動の組み立て, 口腔運動, 両手動作などを調べる課題がある。④ 視知覚・目と手の協調では, 視知覚を調べるために, 絵の中から特定の形を探し出す課題, 図と地を判別する課題, 三次元空間での位置関係を把握する課題などがある。また, 目と手の協調を調べるために, 線を正確に引く課題がある。

4 手指運動による発達アセスメント

発達検査では, 物の操作の巧緻さを通して微細運動や協調運動を評価するものが多い。物の操作を通して協調運動を調べる場合には, 視知覚や手と目の協応などの要因が関係してくるため, 手指自体を動かすことが未発達であるかどうかを見極めることが難しい。そのため, 子どもの場合は, 特に, 手指運動の発達を調べる必要がある。手指運動を調べる発達検査は, 国際的にはあまり見当たらないが, 我が国では, 随意

第I部　協調運動の発達とその問題

図表3-4　随意運動発達検査のA：手指の随意運動

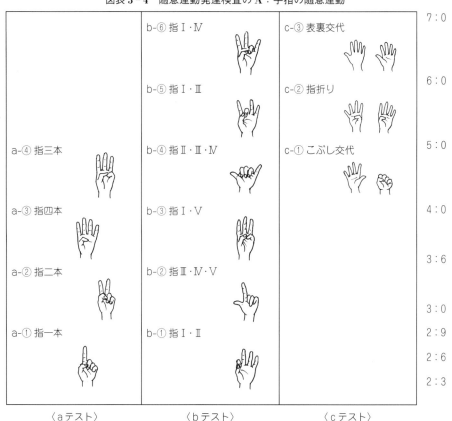

出典：田中（1989）。右の欄外に書かれた年齢は，各項目の通過率90％の年齢を示す。

運動発達検査が開発されており，従来からよく用いられている。

　改訂版 随意運動発達検査は（田中，1989），もともと耳鼻咽喉科の医師であった田中が，言語障害児が運動機能に問題をもっていることが臨床的に認められたことから，言語障害児を高次神経活動の面から検査するために開発をしたものである。しかし，運動機能を詳細に調べる検査であるため，運動機能発達の遅れを検査することも可能であると考えられている（山根，1990）。したがって，DCDに象徴される不器用な子ども（clumsy child）などの運動発達検査としても有用であり，この検査により，神経心理学的障害がある子どもの運動発達の様相が明らかになることが指摘されている。

　検査課題には，A：手指の随意運動，B：顔面・口腔の随意運動，C：躯幹・上下肢の随意運動の3領域がある。それぞれ検査者が見本を示し，子どもにそれを模倣することを求める。判定基準は，各項目の可否であり，それぞれの項目の90％通過の年齢が示されているので，それを参照にして，子どもの随意運動の発達段階を評価する。

　A：手指の随意運動は（図表3-4），手指で様々な形を作らせることにより手指運動をアセスメントするものである。aテストの4項目，bテストの6項目，cテストの3項目から構成されている。aテストは，最初手を握ったグーの形にしてから始め

図表3-5 筆記具持ち方のモデル

る。検査者は握った指を伸ばして形を作り，それを子どもに真似させる。bテストでは，最初に手を広げパーの形にしてから始める。検査者は広げた指を折って形を作り，それを子どもに真似させる。cテストでは，両手で形を作って動かして見せ，それを子どもに真似させる。

5 筆記具操作による協調運動アセスメント

協調運動が，視知覚，固有覚，位置覚などの感覚入力から出力である運動制御までの「脳機能」である（中井，2014）ならば，描画や書字の運動制御である筆記具操作を調べることは，協調運動を調べる一つの指標になるだろう。図表3-5は，筆記具持ち方のモデルであり，筆記具を母指，示指，中指を用いて対立位で把持し，手を机につけて書いている状態を表している。筆記具操作の3つの側面である筆記具持ち方，机との接触部位，手指の動きを調べることによって（尾崎，2008），筆記具を操作する協調運動を調べることができる。DCDの特性として，塗り絵がきれいに塗れない，線がきれいに引けないなどがあげられることから，筆記具操作を通して協調運動を調べることは有効であると言えよう。

これまで多くの研究者が，子どもの描画行動の観察から，幼児の筆記具操作が加齢に伴い変化していくことを指摘している。Rosenbloom & Horton（1971）は，1歳から7歳の128名の子どもについて，絵を描く時の鉛筆やクレヨンの持ち方を系統的に調べ，筆記具を持つ手の形状と描画時の指の動きの有無によって「（握力把握など）より年少の把握の段階」「三面把握（tripod posture）」「動的三面把握（dynamic tripod）」に分類し，年齢が増すにつれて筆記具把持はこれらの段階を推移していくことを明らかにした。「動的三面把握」は，筆記具を母指，示指，中指を用いて対立位で把持し，指を動かせて描く段階である。概ね4歳過ぎでこの「動的三面把握」が可能になることを報告した。そして，この動的三面把握が認められるかどうかは，神経生理学的成

第Ⅰ部　協調運動の発達とその問題

図表3-6　Erhardt発達学的把持能力評価のセクション3前書字動作における鉛筆の把握課題
（エルハーツ，1988）

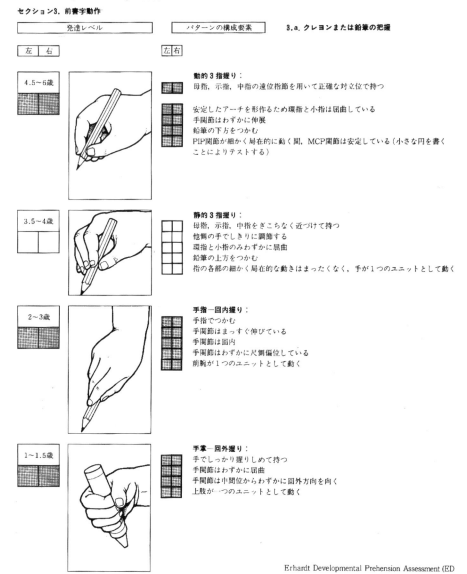

熟や微細運動機能障害の指標となりうることを示唆している。

　Erhardt（1974）やErhardt, Beatty & Hertsgaard（1981）は，Rosenbloom & Horton（1971）の研究や従来の把握発達の研究を検討して，乳幼児の把握発達を体系化した「Erhardt発達学的把持能力評価（Erhardt Developmental Prehension Assessment：EDPA）」（Erhardt, 1982/1988）を作成した。この検査のセクション3は「前書字動作」領域であり，鉛筆握りとして動的三面把握の可否をとう鉛筆の把握課題と図形を描かせる描画課題からなる。鉛筆の把握課題では，筆記具把持について，1歳〜1歳半時の「手掌-回外握り」，2歳〜3歳時の「手指-回内握り」，3歳半〜4歳時の「静的3

図表3-7 Erhardt発達学的把持能力評価のセクション3前書字動作における描画課題
（エルハーツ，1988）

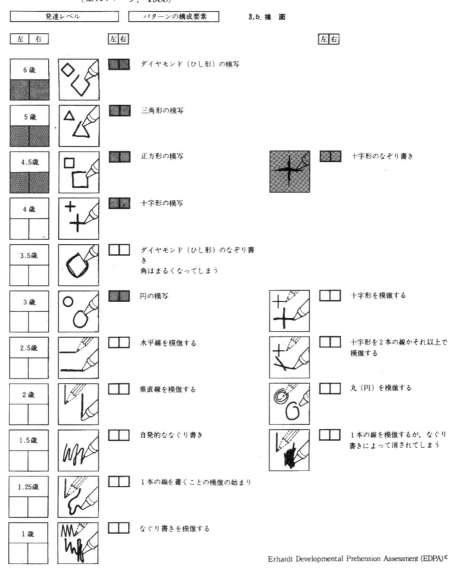

指握り（static tripod posture）」，4歳半～6歳時の「動的3指握り（dynamic tripod posture）」の4段階が設定されている（図表3-6）。なお，前川ら（1975）やSaida & Miyashita（1979）は，日本の幼児を対象にしたRosenbloom & Horton（1971）の追試を行い，概ね同じ結果すなわち加齢に伴い段階が推移していくことを示した。

6 描画や書字による協調運動アセスメント

運動制御によって筆記具を操作した結果として生じるのが描画や書字である。そのため，描画や書字の状態を評価することは，協調運動を測定する一つの指標になるだ

図表 3-8　M-ABC における「手先の器用さ」領域：年齢層 1 の「迷路 (bicycle trail)」課題

ろう。描画によって微細運動や認知機能を測定することは，前述した発達検査や運動検査で取り入れられている。また，描画によって視覚-運動発達を調べる有名な検査としてフロスティッグ視知覚発達検査がある。

一方，書字については，子どもが学齢期で必要とされるスキルであるため，幼児を対象にした検査は見当たらない。しかし，書字 (writing) が可能になるためには，前書字 (pre-writing) 段階のスキルが必要であることから，幼児期では前書字動作スキルとして描画や描線を測定することになる。これは，ちょうど前項で紹介した「Erhardt 発達学的把持能力評価」セクション 3 の前書字動作スキルとして，鉛筆握り（図表 3-6）と描画（図表 3-7）を評価する検査に該当する。また，次に紹介する描画による協調運動アセスメントもそれに相当する。

(1) 描画課題

発達検査や知能検査では，線を引かせたり，図形を書かせる描画課題が組み込まれていることが多い。たとえば，新版 K 式発達検査 2001 では，描画課題として，「なぐり描き」「円錯画模倣」「横線模倣」「縦線模倣」「円模写」「十字模写」「三角形模写」「菱形模写」がある。田中ビネー知能検査 V では，「縦の線を引く」「円を描く」「三角形模写」「菱形模写」がある。しかし，これらは，手先の協調運動能力を調べるのではなく，認知能力を調べることが主な目的となっている。

(2) 線引き課題

手先の協調運動能力を調べるために，二本線の間に線を引く線引き課題を用いることが多い。粗大運動と微細運動を測定する Buruininks-Oseretsky Test of Motor Proficiency (BOT) や協調性運動のアセスメントである M-ABC では，線引き課題が取り入れられている。図表 3-8 は，M-ABC の「手先の器用さ」領域の年齢層 1 に設定されている「迷路 (bicycle trail)」課題である。対象児は，机の上に置かれた

図表 3-9 フロスティッグ視知覚発達検査の課題例（Frostig, 1963）

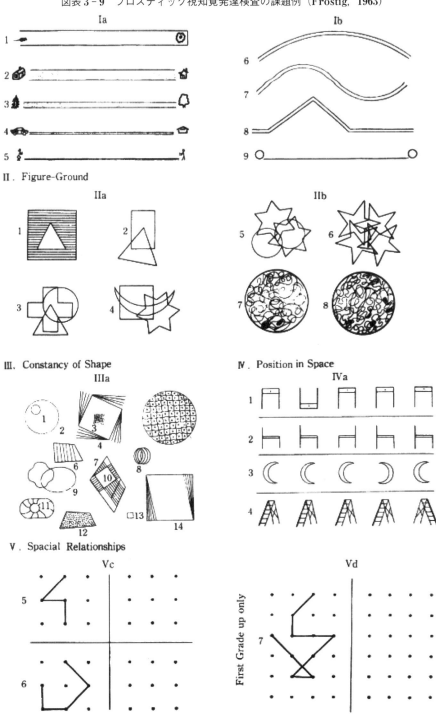

記録用紙の前に座り，「自転車」から「家」までの幅４mmの道の二本線の間に，一方向に線を引くことが求められる。結果は，二本線からはみ出した個所数で採点する。

（3）フロスティッグ視知覚発達検査

　1961年に，フロスティッグ（Frostig, M.）は，視覚認知と視覚 – 運動（visual-motor）の困難さのために特別の支援を必要とする子どもを見分ける検査としてフロスティッグ視知覚発達検査（Development Test of Visual Perception：DTVP）を開発した。その後，1993年に第２版（DTVP-2）が，2014年に第３版（DTVP-3）が出版された。しかし，我が国では1977年に第１版の日本語版がだされた後，改訂は行なわれていない。ここでは，この第１版の日本語版を紹介する。

　適用年齢は，４歳から７歳11ヵ月であり，個別検査と集団検査の両方が可能である。フロスティッグは，臨床活動の中で，幼児期において視知覚能力が不十分な場合，後年に学習障害や情緒障害などと診断される事例の多さを鑑みて，幼児期に視知覚能力の発達を調べる視知覚発達検査を作成した。そして，視知覚能力に障害のある子どもを就学前あるいは就学時に発見して訓練すれば，視知覚困難によって起こる学業不振と不適応の予防に役立つと考え，その困難度に合わせたワークブックも作成している。

　視知覚発達検査は，検査Ⅰ：視覚と運動の協応（Eye-Motor Coordination），検査Ⅱ：図形と素地（Figure-Ground），検査Ⅲ：形の恒常性（Constancy of Shape），検査Ⅳ：空間における位置（Position of Space），検査Ⅴ：空間関係（Spacial Relationships）の５つ下位検査で構成されている。評価は，下位検査ごとに知覚年齢（Perceptual Age: PA）を算出し，次に，年齢に応じた評価点（Scaled Scores：SS）を求める。SS 10点が年齢の平均であり，８点以下の場合は治療教育が必要とされる。さらに，SS を合計した値から知覚指数（Perceptual Quotient：PQ）を算出することができる。

　実際の課題を以下紹介する（課題例は図表３-９を参照）。検査Ⅰ：視覚と運動の協応（Eye-Motor Coordination）はⅠaからⅠeまでの計16問である。ⅠaとⅠbは二本線の間をはみださずに鉛筆で線を引く課題である。ⅠcからⅠeまでは二点間を線で結ぶ課題である。検査Ⅱ：図形と素地（Figure-Ground）は，ⅡaとⅡbの計８問である。絵カードに書かれた図形を，問題の絵柄の中から見つけて，色鉛筆でその図形の線をなぞる課題である。検査Ⅲ：形の恒常性（Constancy of Shape）は，ⅢaとⅢbの計４問である。Ⅲaでは14個，Ⅲbでは18個の図形に隠れている円形あるいは正方形をみつけて，その図形の線をなぞる課題である。検査Ⅳ：空間における位置（Position of Space）は，ⅣaとⅣbの計８問である。Ⅳaでは，５つの図形の中で方向が違う図形をみつけ，その図形に×を書く。Ⅳbでは，左に書かれた見本と同じものを見つけ，その図形に×を書く課題である。検査Ⅴ：空間関係（Spacial Relationships）は，ⅤaからⅤeまでの計８問である。幾つかの点が書かれており，左に書かれた二点つなぎの見本をみて，右に同じように二点を線で結ぶ課題である。

第3章　協調運動の発達アセスメント

図表 3 - 10　DASH の 5 つの課題（Henderson, 2014）

課　　題	内　　　容
うまく書く	生徒は「The quick brown fox junps over the lazy dog（素早い茶色のキツネは のろまな犬にとびかかった）」という文章を，2 分間上手に繰り返し書き写すこ とが求められる。書かれた文字数を 2 で割って，1 分間の文字数が得点化される。
速く書く	生徒は「The quick brown fox junps over the lazy dog（素早い茶色のキツネは のろまな犬にとびかかった）」という文章を，2 分間できるだけ速く，読める字 で繰り返し書き写すことが求められる。書かれた文字数を 2 で割って，1 分間の 文字数が得点化される。
アルファベットを書く	生徒は，覚えているアルファベットの文字を小文字で 1 分間繰り返し書くことが 求められる。正しくつながっている小文字の数を数える。
自由に書く	生徒は「私の人生」というテーマについて，考える／計画を立てる時間が短時間 与えられた後，10分間書くことが求められ，2 分ごとに印をつける。読みやすい 字の数を数え，それを 10 で割って 1 分間の文字数を得点かする。
図形を描く速度	図形を描く時間が測定される。

　これらの課題のうち，検査Ⅰ：視覚と運動の協応は，線引き課題であり，目と手の協応の観点から手先の器用さを調べるものである。

（4）書字のアセスメント

　前述したように，書字のアセスメントは，学齢児を対象にした検査がほとんどであるため，ここでは，学齢児のアセスメントについて述べていく。

① 書字速度詳細検査（Detailed Assessment of Speed of Hand-writing：DASH）

　ヘンダーソン（Henderson, S. E.）は，1970年代に不器用な子どもの事例研究をしたところ，様々な運動の問題が認められたが，どの子どもにも共通して書字の困難さをもっていたと述べている（Henderson, 2014）。最近では，書字の問題は，DCD だけでなく，アスペルガー症候群や ADHD などの子どもたちに共通してみられると言われている。書字の運動機能に関するアセスメントにも，協調運動アセスメントである DCDQ や M-ABC が用いられるが（野田，2014），これらの検査を通過したにもかかわらず，書字の困難さをもっている子どもが多いことが指摘されている（Henderson, 2014）。そのため，書字動作に特化したアセスメントが必要とされているが，まだまだその数は少ないのが現状である。Barnett et al.（2007）は，イギリスにそれまで学齢期の書字困難をもつ子どもを見分ける検査がなかったことから，書字速度詳細検査（Detailed Assessment of Speed of Hand-writing：DASH）を開発した。適用年齢は，9 歳〜16歳11ヵ月である。個別検査と集団検査が可能である。所用時間は30分である。また，17歳から25歳の青年を対象にした DASH17＋も作成された（Barnett et al., 2010）。

　この検査は，微細運動と巧緻性スキルを調べるために，「うまく書く」「速く書く」「アルファベットを書く」「自由に書く」「図形を描く速度」の 5 課題から構成されて

図表3-11 Rey-Osterrieth の複雑図形

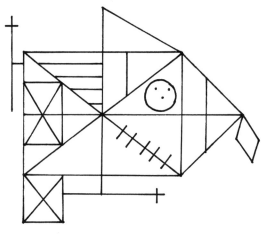

おり（図表3-10），如何に上手に，速く書くかが得点化される。「うまく書く」「速く書く」「アルファベットを書く」「自由に書く」の4課題は相互に強く関連しており，書字速度の総合合成得点が算出される。また，「図形を描く速度」は，他の課題とは異なり，知覚運動領域を測定するものであり，MABC-2 の「手先の器用さ」領域と強く関連している（Henderson, 2014）。

　イギリスでは，DASH と DASH17＋は，試験において試験時間の延長やコンピューター使用許可といった特別な配慮をするかどうかを決めるために使われている。また，中学校入学前にこの検査をおこなう小学校もある（Henderson, 2014）。

② Rey-Osterrieth 複雑図形テスト（Rey-Osterrieth Complex Figure Test）

　書字のプロセスには，運動機能以外にも音韻処理や視覚情報処理など様々な要因が関わっている。そのため，書字の困難をもつ子どもには，どの要因に問題があるかを調べるために，包括的なアセスメントを行う必要がある。視覚情報処理に関するアセスメントとしては，視覚的認知力や視覚的記憶力が書字困難に影響をしているという考えのもとに，Rey-Osterrieth 複雑図形テスト（Rey-Osterrieth Complex Figure Test）が用いられている（野田，2014）。これは，一般に，発達障害の神経心理学的検査としても使われているものである。

　この検査は，Rey が考案した内容をもとに Osterrieth（1944）が作成した視覚認知のアセスメントである。複雑図形（図表3-11）を見ながら写す課題（模写）と直後に思い出しながら書く課題（直後再生），30分後に思い出しながら書く課題（遅延再生）から構成されている。このうち，模写の課題において視覚認知能力を評価する。

第4章　ひらがな書字習得と運筆技能

1　ひらがなの習得過程

（1）ひらがな読みの習得

　ひらがな書字の習得には，その前提としてひらがな文字を読めなければならない。たとえ，文字が読めない状況にもかかわらず，その文字を書き写すことが可能であったとして，それは文字を書いているのではなく，記号として書き写していることを意味する。したがって，ひらがな書字の習得に先行して読字の習得が行われる。

　ひらがな文字の読み習得に関して，古くは1967年11月に実施された国立国語研究所による調査がある。この調査において，ひらがな清音に撥音を加えた46文字を対象とした場合，年中児で約半数の文字が音読可能であったことが報告されている（国立国語研究所，1972）。さらに，島村・三神（1994）は国立国語研究所と同様の方法を用いて1988年に再調査を実施した結果，年中児の段階でひらがな46文字の75％が音読可能となり，年長児ではそのほとんどが読めるようになっていたことを報告し，ひらがなの読字能力は年々高まっていることが明らかとなった。これらの結果から，年少児から音読可能な文字が現れ始め，年中児の段階で急速にひらがな読みが習得されていくことがわかる。

　では，ひらがな文字の習得にいかなる能力が必要となるのであろうか？

　周知のとおり，日本語にはひらがな，カタカナ，そして漢字といった3つの表記法が存在する。このうち，ひらがなとカタカナは表音文字と呼ばれ，一つ一つの文字が音との対応関係をもつ。そこで，ひらがな文字の習得には，一つ一つの音に注目する「音韻意識（phonological awareness）」という能力が重要となってくる。たとえば，子どもが「さかな」という単語を聞いたときに，はじめから /sa/, /ka/, /na/ と一音ずつ聞き分けて認識しているわけではない。「さかな」という単語はそのままのまとまりとして聞こえるはずである。しかし，一つ一つの音に対して注目できるようになってくると，文字と音との対応関係がわかるようになる。すなわち，「さかな」の「さ」と「さめ」の「さ」が，そして「さかな」の「か」と「かめ」の「か」が同じ音であることに気づくようになり，一つ一つの音や文字に対して注目できるようになってくる。表音文字であるひらがなの習得には，この「音韻意識」が必要なはずである。

35

第Ⅰ部　協調運動の発達とその問題

　このような仮説を検証するために，年中児を対象として音韻意識とひらがな読み習得との関連を検討した（細川・勝二，2015）。音韻意識を測る課題として「音節分解課題」を行った。この課題では，2〜5音節で構成される単語（たとえば，いぬ，かたつむりなど）を表す8つのイラスト画を提示し，事前に命名できることを確認した上で，その単語がいくつの音節から構成されているか，おはじきを用いて答えることが求められた。その他にもいくつかの課題を行ったが，ひらがな文字の読字可能数を予測できるものとして音韻分解課題のみが抽出された。このことから，ひらがな文字の読み習得には，音節単位で音韻を認識できることが重要であり，そのことが文字と音との規則性への気づきを生じさせ，ひらがな文字の音読へとつながっていくのであろう。

　ただし，拗音のような特殊音節の読みに関しては，必ずしも一文字一音対応ではないため，音韻意識以外の能力がその習得に必要となってくる点に注意が必要である。たとえば，垣花（2008）は，拗音の読み習得に「混成規則」の理解が重要であることを指摘している。拗音である「きゃ /kya/」の読みを例として考えてみると，「き /ki/」と「や /ya/」の2音節の時間間隔が短縮していくことで，「きゃ /kya/」と一つの音として聞こえるようになる。つまり，この「混成規則」を理解できるためには，音韻意識が獲得されていることが前提にあり，それに加えて音と音とを流暢につなげていく「音韻統合」の能力が必要となる。

　このように文字に対応する音を素早く検索し，それを出力する能力は「流暢性」ともよばれ，具体物あるいはひらがな文字を呼称する速度によって評価することができる。たとえば，ひらがな音読の速さは，「流暢性」を測る一つの方法であり，逐字読みからまとまり読み（一目で単語を認識して読むこと）ができなければ，文章を音読するときには内容の読み取りが困難になる。読み障害があったとしても，小学校の学年進行に伴い，ひらがなの単文字を素早く読むことは可能となっていくが，そのようなケースであってもひらがな表記された無意味つづり単語の呼称速度は遅延する傾向にある。読み障害児において小学校高学年になっても拗音などの特殊音節の読みに困難を示すことが多いことからも，音韻統合能力を習得させることは重要であることがうかがえるであろう。

（2）ひらがな書字の習得

　前述のように，ひらがなの読みが習得できて，はじめて書字に移行できることとなる。逆に言えば，ひらがな書字の必要条件として読みの習得があると言えるだろう。

　ひらがな書字に関しては，3歳ころからいくつかの文字を視写することが可能となり（Steinberg・山田，1980），小学校入学までにはほとんどのひらがな文字が書字できるようになると言われている（島村・三神，1994）。近年，ひらがな読みの習得が低年齢化している中で，ひらがな書字においても低年齢化傾向にある。たとえば，国立国

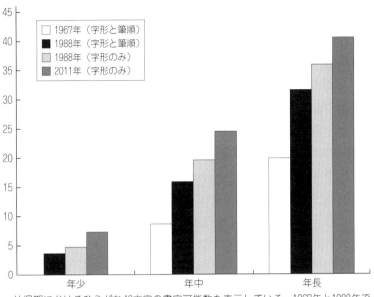

図表 4-1 書字可能なひらがな文字数の推移

幼児期におけるひらがな46文字の書字可能数を表示している。1967年と1988年では字形と筆順がともに正しい文字数を比較している。1988年と2011年では字形のみが正しい文字数の比較をしている。いずれも書字可能な文字数は年々上昇していることがわかる。

語研究所（1972）による調査では年長児であっても書字可能なひらがな文字数は46文字中半分にも満たない状況であったものが，島村・三神（1994）の調査では約7割程度を書字することが可能となっていた（図表4-1）。さらに，筆順を考慮しなければ，書字率はより向上し，年長児では46文字中35.8文字（77.8％）で書字可能となっていた。同じ調査方法ではないが，郡司・勝二（2015）が国立国語研究所（1972）の調査結果から書字難易度の偏りがないようにランダムに抽出したひらがな10文字を対象とする書字調査を2011年に実施している。この調査結果においても，年長児で8.75文字（87.5％，この正答率を46文字で換算すると40.5文字相当となる）が書字可能であり，島村・三神（1994）の調査結果よりも高かったことを示した。

　これらの調査はいずれも幼児を対象とした読み書きテストにより明らかとなった事実であるが，母親を対象とした幼児の読み書きに関するアンケートによっても幼児の読み書き能力の調査が行われている。三神ら（2008）によれば，1988年と2005年に実施されたアンケート調査の結果を比較し，ひらがなの読みと書き習得はいずれも低年齢化の傾向を示したことを明らかにしている。ひらがなの読み書き能力の低年齢化の背景には家庭教育あるいは幼稚園や保育園などの家庭外での文字学習の機会が増えたことによると考えられている（三神ほか，2008；島村・三神，1994）。実際に，1988年と2007年に実施した母親に対するアンケート結果においても，2007年調査の方が子どもに何らかの文字指導を行っている割合が多かったことを示しており（三神，2010），近年の家庭環境における文字学習への関心の高さがうかがえる。

第Ⅰ部　協調運動の発達とその問題

　一方で，幼児期では個々の子どもの発達差が大きいことを考えれば，十分に文字を習得する条件（レディネス）が準備されていないにもかかわらず，半ば強制的に文字学習が行われるケースも少なくないことが想像できる。このように子どもの発達段階を無視した早期の指導は幼児の文字学習に対する動機づけを低下させることにつながりかねないとの指摘がある（三神ほか，2008）。幼稚園教育要領においては，遊びや生活の中で文字に親しむ中でその役割に気づき，必要感に基づいてそれを活用し，興味関心をもつようになることが，幼児期の終わりまでに育ってほしい姿として示されている。したがって，幼児期の文字学習で求められているのは，就学以降に実施される系統的な文字学習ではなく，遊びのなかで文字を使って伝える喜びや楽しさを味わいながら文字に興味や関心をもたせ，自らの内発的動機づけに基づいた書字活動を促すことにあるのだろう。しかし，その実態は家庭でも教育・保育施設においても教えこむ傾向にあり（三神，2010），結果として，文字そのものへの不適応を引き起こし，自尊感情や学習意欲の低下につながることが懸念される。もしひらがな書字習得の前提となる認知要因が明らかになるならば，一斉に子どもを文字学習に引き込むことなく，遊びの中で十分にレディネスを高めた上で，子どもの興味関心に即した文字学習への展開が期待できるものと思われる。したがって，書字を獲得するための前提となる認知要因であるレディネスは何かを把握しておく必要がある（丸山，1999）。

2　ひらがな書字の習得に必要な認知機能

（1）推定されるレディネス

　前述のように書字獲得のためには読字能力の獲得が前提となるが，それ以外にも形態弁別や空間認知，記憶といった様々な視知覚能力が必要となる。加えて，運筆動作といった微細運動能力，視覚と運動の協応能力なども関与していると考えられている。しかし，ひらがな書字に必要な認知能力に関しては，ひらがなが日本語特有の文字であること，そして幼児期のある時期に急速に文字習得が進んでしまうことなどから，必ずしも研究は進んでこなかった現状があった。

　そのような中で，ひらがな書字習得のレディネスを検討した先駆的研究として，三塚（1994）による3歳8ヵ月〜7歳11ヵ月の幼児を対象とした横断的研究があげられる。この研究では，ひらがな書字の習得状況を明らかにするとともに，図形模写課題やフロスティッグ視知覚発達検査（Developmental Test of Visual Perception，以下DTVP）もあわせて実施した。その結果，ひらがな書字習得と関連がみられたのは，① 三角形と星型の模写能力，② DTVP の検査Ⅰ（視覚と運動の協応），検査Ⅱ（図形と素地），検査Ⅴ（空間関係）における各成績であったことを報告している。さらに，年長児を対象とした他の調査においても，図形模写能力との関連性を指摘した研究（猪俣・宇野・春原，2013）や図形および人物描画能力との関連性を指摘した研究

図表 4 - 2　視知覚課題とひらがな書字課題（郡司・勝二，2015を一部改変）

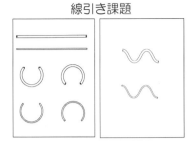
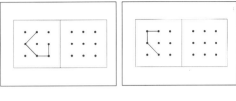

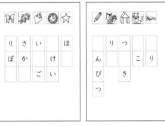

ひらがな書字習得に関わる認知機能を明らかにするために，ひらがな書字課題に加えて，5つの視知覚課題を実施した。ここでは動作系列課題以外の課題で分析対象となったもののみを示している。各課題の外枠は用紙サイズを示しており，実際には，図形模写課題で24×17cmの用紙を，それ以外の課題ではＡ4判用紙を使用した。

（大庭，2003）など一定の共通性を認めることができる。

　就学以降の調査については，大庭・佐々木（1990）によって小学1年生1,638名を対象に，ひらがな清音と撥音46文字の書き取り課題を実施し，ひらがな書字が困難であった児童においては空間認知能力や微細運動に遅れがみられたことを報告している。さらに，ひらがな書字は連続する運筆動作によって成り立っていることから，その習得には一連の動作記憶が重要な役割を担っているとの指摘もある（岩田，1992）。以上の先行知見から考えると，ひらがな書字の習得には，その前提としてひらがな文字が読めることがあげられるが，そこから書字に発展していくためには，視空間認知能力，運筆能力，動作記憶など運筆動作を支える様々な認知的要因が関与しているものと推察される。

（2）ひらがな書字の習得と各視知覚課題との関連

　郡司・勝二（2015）は幼児期におけるひらがな書字習得に必要なレディネスを明らかにするために，視写が可能となる3歳以降から就学前までの幼児を対象として，ひらがな書字の習得状況とひらがな書字に関わる認知要因を横断的に検討した。調査では三塚（1994）を参考に，書字能力との関わりが推定された，① 線引き課題，② 空間認知課題，③ 図形模写課題，④ 図形抽出課題を実施した（図表4 - 2）。さらに，動作系列の短期的記憶能力をみるために，⑤ 動作系列記憶課題も加え，計5種類の

第Ⅰ部　協調運動の発達とその問題

視知覚課題から構成された。それぞれの視知覚課題の詳細について以下に述べていく。

① 線引き課題

　視覚と運動の協応能力をみるために，帯幅6mm および3mm の直線，曲線，波線を帯幅からはみ出さずに線引きするよう求めた。課題作成にあたっては，DTVP の検査Ⅰ「視覚と運動の協応」を参考にした。帯幅の両端には始点と終点を示す点があり，左から右に書くひらがな書字の運筆規則に基づいて，左点から開始し，右点方向へ運筆することが求められた。

② 空間認知課題

　空間認知能力や模写能力をみるために，3列×3行からなる9個のドットあるいは4列×4行からなる16個のドットに描かれた見本図のとおりに，描線により再現する課題を実施した。課題作成にあたっては，DTVP の検査Ⅴ「空間関係」を参考にした。9個のドットでは2種類の異なる見本図を使用し，16個のドットでは1種類の見本図を用意し，計3課題を実施した。対象児は，左の見本図を見ながら，それと同じように右側のドットを描線で結ぶことが要求された。

③ 図形模写課題

　模写能力をみるために，幾何学図形の見本図と同じように模写する課題を実施した。見本図は円，正三角形，星型で，使用した用紙サイズは見本図，再現用紙ともに縦24cm×横17cm にカットした普通紙を用いた。なお，実施前には対象児が見本図形の名称を正しく呼称可能か確認した。

④ 図形抽出課題

　重なり図形の抽出能力をみるために，複数の円や星型が重なり合った図を呈示し，検査者が指示した図形の個数を答える課題を実施した。その際，図形の場所を指で示すことも同時に要求した。なお，課題作成の際に参考にした DTVP の検査Ⅱ「図形と素地」では，答える際に図形を色鉛筆でふちどらせるが，予備的な検討において3歳児では図形のふちどり自体が困難な場合も多く，課題遂行に要する時間も長かったために，指示して数える方法に変更した。課題は円と星型の重なり図形を2種類，星型のみの重なり図形を2種類の計4種類で構成された。

⑤ 動作系列記憶課題

　筆順など一連の動作系列を記憶する能力との関連をみるために，連続して示されるじゃんけん動作（グー，チョキ，パー）を記憶し，それを順序どおりに再現する課題を実施した。課題作成にあたっては，K-ABC の「手の動作」を参考にした。1動作

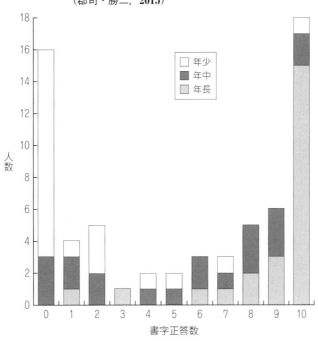

図表4-3 ひらがな書字課題における書字正答数別人数分布
(郡司・勝二, 2015)

　1秒の速さで机上15～20cmの範囲内でじゃんけん型の連続動作を呈示した後，対象児に一連の動作を再現してもらうよう要求した。動作系列は2～5つの連続動作で，少ない系列数から順に3試行ずつ実施し，3試行中2試行を誤答するまで系列数を1つずつ増やしながら実施した。

　これらの視知覚課題に加えて，ひらがな書字の習得状況を確認するために，ひらがな書字課題を実施した（図表4-2）。この課題では，国立国語研究所による調査（国立国語研究所, 1972）を参考にして，難易度の異なる10文字（し・と・ち・な・ん・あ・ね・み・す・え）が選定された。その際，形態が類似する文字（たとえば，「ね」，「れ」，「わ」）が重複しないように留意した。実際の課題では，イラストの下にその名称がひらがなで印刷されており，一文字のみ空欄となった箇所に適切な文字を書き入れるよう求めた。書字を評価する際には，筆順は考慮せずに書字の形態のみを評価した。具体的には，書字されたそれぞれの文字について正答となる文字の構成要素が一定程度保持されており，他のかな文字に誤読することがないと判断した場合には正答とみなした。

　このように評価された書字について，正答数別の人数分布を示すと（図表4-3），おおよそ左右対称のU字型を示しているのがわかる。学年ごとにみると，年少児ではほとんど書字できないのに対して，年長児ではほぼすべての文字で書字可能となることがわかった。一方で，年中児では対象児によって書字可能な文字数が散らばってお

図表4-4 線引き課題におけるはみだしエラー数と書字正答数との散布図（郡司・勝二，2015）

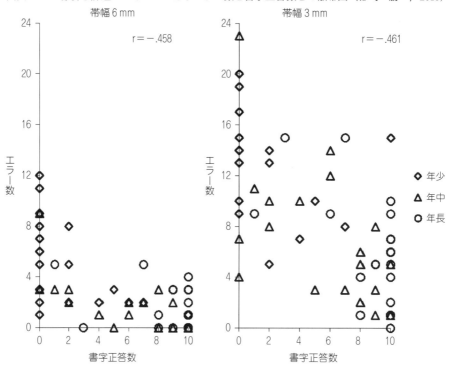

り，この年齢段階においては書字習得の個人差が大きいことが明らかとなった。
　このようなひらがな書字の習得状況において，前述したそれぞれの視知覚課題における成績との関連性について以下に述べていく。

① 運筆技能との関連
　目と手の協応能力を伴う運筆技能を測る課題として線引き課題が行われた。この課題では，帯幅からはみ出した回数をエラー数としてカウントし，エラー数とひらがな書字数との関係について，年齢要因を取り除いた Pearson の積率相関係数に基づいて偏相関係数を求めた。その結果，帯幅のいかんにかかわらず，エラー数とひらがな書字数との間に中程度の有意な負の相関関係が認められた（図表4-4）。したがって，帯幅を超えずに正確に運筆できる能力はひらがな書字に一定程度関与していることがわかった。ただし，ひらがな書字には複数のレディネスが関与していると考えられるため，運筆が正確にできたからといって必ずしもひらがな書字が可能となるわけではない。たとえば，帯幅3mmのデータにおいて，書字正答数が0であった年中児3名はエラー数の高い者と低い者が混在しているのがわかる。一方で，年長児に注目すると，エラー数が比較的多い対象児は書字正答数が少ない傾向にある。このように，正確に線引きする能力はひらがな書字を可能にするために必要な数ある能力のうちの1つであると言えるだろう。

図表 4-5　空間認知課題における正答と誤答の書字正答数別人数分布（郡司・勝二, 2015）

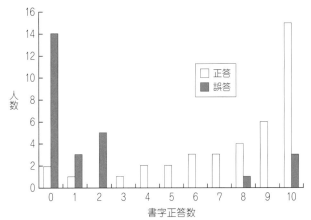

3列×3行（9ドット）の2つの空間認知課題のうち、1課題（図表4-2にある左側の課題）の結果を示す。

② 空間認知との関連

　空間認知課題の評価はDTVPにおける評価方法（飯鉢・鈴木・茂木, 1979）を参考にして行った。すなわち、見本図と同じように結ばれる点が一致していれば正答であるが、その際に点と点を結ぶ線が曲線になっていたとしても正答とみなした。一方、見本図に対応して線が結ばれていなければ誤答となった。3つの課題を実施したが、そのうち4列×4行（16ドット）の空間認知課題は、書字可能なケースであっても誤答の対象児が多かったため分析対象から除外した。残る2つの課題は、いずれも3列×3行からなる9個の点を結んで描かれる見本図を再現する空間認知課題であったが、ひらがな書字習得との関連をみるために、書字正答数を横軸とし、空間認知課題の正答者数と誤答者数に分けてヒストグラムで表した（図表4-5）。これをみると、おおよそ左右対称のU字型の分布を示しており、書字正答数が多いほど課題正答者数が多く、逆に書字正答数が少ないほど課題誤答者数が多くなる傾向にあった。そこで、ひらがな文字の半数以上を書字可能であった場合を書字習得とみなし、5文字以上の課題正答者数と5文字未満の課題誤答者数の合計人数を算出し、全体の人数で除した割合で判別率（診断精度の指標として用いられる正診率と同義）を求めたところ、いずれの課題においても判別率は80％以上と高い値を示した。

　空間認知能力は、文字の構成要素を再生したり、文字をバランスよく配置したりする能力と関わっていると考えられ、学齢期初期にひらがな書字に困難を示す子どもの多くは空間認知能力の遅れも指摘されている（大庭・佐々木, 1990）。したがって、空間認知課題もまたひらがな書字習得の1つの指標となりうるものと示唆された。

③ 図形模写課題

　円と三角形の模写課題については、田中ビネー知能検査Vの評価方法により模写の可否を評価した（中村ほか, 2003）。一方、星型の模写課題は、「角が5つありいずれ

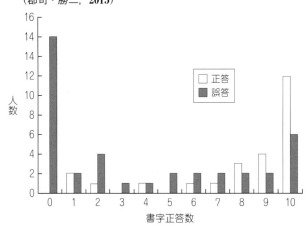

図表 4-6 図形模写課題（三角形）における正答と誤答の書字正答数別人数分布
（郡司・勝二，2015）

も鋭角であること」「5つの角が2mm以下のすき間であるもしくは交差線のはみ出しが4mm以下であること」「模写された図形の大きさが見本の0.5～2倍までであること」，の3つの評価基準をすべて満たした場合に正答とした。

　その結果，円の模写課題は対象児の多くが模写可能であったこと，逆に星型の模写課題では，書字可能なケースであっても誤答の対象児が多かったことから，これらの課題は分析対象から除外した。分析対象となった三角形の模写課題について，空間認知課題と同様に，模写の可否によってそれぞれの人数をヒストグラムで表示すると，おおよそ左右対称のU字型の分布を示していた（図表4-6）。そこで，空間認知課題と同様に判別率を求めたところ，三角形模写の成否からひらがな書字能力を判別できる確率は72％であり，高い値を示していた。

　正三角形模写の成否が，ひらがな書字と関わっていることは三塚（1994）によりすでに指摘されていたが，アルファベット圏の言語においても三角形模写の可否が文字を書き始める目安になると報告されている（Weil & Amundson, 1994）。このように三角形の模写とひらがな書字能力との間に関連性が認められるのは，三角形に含まれている斜線の認知と関わっているのかもしれない。たとえば，後藤ら（2010）は，定型発達児と発達性読み書き障害児に線分の傾き知覚や傾き再生課題を実施したところ，発達性読み書き障害児群全例でその成績が低下していたことを示しており，斜線の傾き知覚やそれを運筆によって再現する能力が書字習得と関わっていると示唆された。

④　図形抽出課題

　重なり合った図形の中から特定の図形を抽出する能力をみるための課題であり，数えた図形の個数と指さしの位置がいずれも正しくできた場合に正答とみなした。円と星形の重なり図形については，ほぼすべての対象児で正答であったことから分析対象から除外した。分析対象となった星形のみの重なり図形について，空間認知課題と同

様の方法で判別率を算出したが，判別率はいずれの課題も60％程度であり，チャンスレベルである50％を有意に超えなかった。そもそも重なり図形の抽出は文字を様々なパーツに分解できる能力と関わるものと想定して実施したが，ひらがな書字習得との関係性は低いと考えられた。この点に関して，ひらがな文字は線分の交わり箇所が少ないことから，ひらがな文字を書字する際にはパーツに分解する能力がさほど求められていないのかもしれない。

⑤ 動作系列記憶課題

K-ABC の評価方法を参考に（松原ほか，1993），左右いずれの手を使っても動作順序があっていれば正答とした。3試行中2試行で正答した動作系列数を対象児の可能な再生系列数とした。再生系列数は年齢の上昇に伴って増えていったが，ひらがな書字数との関連はみられなかった。この点に関して，ひらがなは一筆書きの文字も多く，ひらがな46文字の平均画数をみても2.3画と少ないことから，ひらがな書字の習得には多くの動作系列記憶数を必要としないのかもしれない。

（3）ひらがな書字習得のためのレディネス

　今回行った調査では，書字習得と関わりがあると推定された課題は，決められた帯幅の中に線を引く線引き課題，3列×3行の9個の点に見本図を見ながら描線でつなぐ空間認知課題，三角形を模写する図形模写課題であった。これらの課題は，視覚運動統合能力と視空間認知能力を必要とし，視覚運動統合能力は，ひらがなのみならずアルファベットや漢字の書字においても関連性を示唆する研究が報告されている（Shen et al., 2012；Weil & Amundson, 1994）。さらに，小学生児童を対象とした調査において，書字には手指操作や空間認知能力が深く関わっていることが指摘されている（奥村ほか，2013）。したがって，視覚運動統合能力や視空間認知能力はひらがな書字に重要な役割を担っていることが推察された。

　ただし，上記の課題の多くは，運筆を要求する視覚運動統合課題で占められていた。しかし，視写のように文字を書き写すには視覚性の形態記憶も関わっていると推察される。実際に，漢字ではあるが，視覚性の形態記憶と書字能力との関連がこれまでも多くの研究で指摘されている（後藤ほか，2010；宇野ほか，1995, 1996）。この他にも，言語スキルや文字に対する内発的動機づけなど，書字の習得には様々な認知的要因が複雑に絡み合って成立しているものと考えられる（Tseng & Chow, 2000）。そのような点では，本稿で示したひらがな書字との関連がみられた課題群は，ひらがな書字習得に必要なレディネスをすべて明らかにしたことにはならないだろう。しかし，書字習得のレディネスが少しずつ解明されることによって，文字に対する不適応を引き起こす前に，遊びの中で楽しみながら書字レディネスの発達を促すことが可能になるものと思われる。

第Ⅰ部　協調運動の発達とその問題

3　書字指導と運筆技能との関連

（1）なぞりと視写による書字指導法の効果

　書字習得の際には，学習方法として「なぞり」や「視写」が用いられることが多い。先に述べた文字習得の低年齢化はその一因として幼児期における何らかの文字指導によるものと推察され，その際に「なぞり」や「視写」が行われている可能性も考えられる。では，「なぞり」や「視写」といった書字指導法は幼児期の子どもが書字習得をする上でいかなる効果があるのだろうか？

　小野瀬（1987）は，幼稚園の4，5歳児（年中児クラス相当）および小学校1年生の児童を対象に「なぞり」と「視写」による指導方法の違いが書字習得に及ぼす効果について検討した。いずれの対象児においても未学習文字となるカタカナ4文字（オ，タ，ヤ，モ）について，それぞれの指導方法で学習をさせた。その上で，学習前後に「自由書字課題」（手本となる文字を数秒間見せた後，手本を見ないで書字することが求められる）を実施し，書かれた文字に対して字形の正確さを含む一定の基準により評定された。その結果，学習前に評定された文字に対する評価が低かった場合には，「なぞり」よりも「視写」で学習した方が学習後の文字評定値が顕著に上昇しており，書字技能の習得に効果的であることが明らかとなった。さらに，小野瀬（1988）は，年長児と小学校1年生を対象に，未学習の漢字4文字（牛，毛，友，戸）について，なぞりと視写を組み合わせた書字指導の効果についても検討している。その結果，年長児においては「なぞり」の有無にかかわらず「視写」を指導に含むことで書字習得に効果があったことを報告している。この点に関して，小野瀬（1988）は，幼児期においては手先の運動技能が十分に発達していないために，なぞることに注意集中してしまうことによるものであろうと推察している。一方で，「視写」の場合には文字を書く際に文字像の全体をイメージ化させる必要があるため，幼児期における発達段階では書字技能習得に「視写」が有効であると指摘している。

　それでも，小学校入門期においては一斉指導場面において「なぞり」による指導が多用される実態が指摘されている（大庭，1994）。では，なぜ「なぞり」による指導が用いられるのであろうか？

　この問いに対する答えは，書字学習における成功体験のしやすさに起因するのかもしれない。小野瀬・福沢（1987）は，前述のカタカナ4文字を用いて，年中児および小学校低，中，高学年からなる児童を対象として「なぞり」「視写」および「自由書字課題」で書かれた文字について手本通りに筆記する正確さについて字形評価をおこなった。その結果，なぞり＞視写＞自由書字課題の順で評価点が高く，とりわけ「なぞり」書きによる書字の評価が高かった。このような傾向は年中児において顕著であり，年齢発達とともに，なぞり，視写，自由書字の差は次第に目立たなくなっていく

ことが明らかとなった。このことは，年中児段階の幼児において視写や自由書字といった手本となる文字を見ながら書き写す方法では手本通りに書字することが困難であることを意味している。したがって，幼児において「なぞり」は手本のように書くことができるという成功体験を積むメリットがあると言える。しかし，前述のように，運筆技能が十分に発達していない段階においては，「なぞり」によって文字全体をイメージ化させることは難しく，「視写」による指導の方が効果的であることが明らかとされている。

　以上を総括すると，運筆技能が十分に発達していない幼児期においては，なぞりであれば視写に比べて手本のように書字することが可能であるものの，それでは字形の全体像を捉えられず，文字を頭の中でイメージして運筆で再現することが困難となるようである。しかし，文字を実際に使っていくためには，字形の全体像を捉えるとともに細部にまで注意しながら，運筆で正確に再現する能力が求められることを考えると，成功体験を積むといった理由で，「なぞり」に固執してしまうのには書字習得という点では問題があると言えるだろう。

（2）筆記過程の定量評価からみた運筆技能の発達

　前項の運筆技能に関する研究では，すでに筆記された書字形態を分析することで，年齢発達に伴う変化を明らかにしてきた。しかし，近年では，筆圧や筆記時間といった筆記過程の定量的な評価方法を駆使して，運筆技能の発達過程を明らかにしようとする試みがある。たとえば，小野瀬（1995）は，画数が比較的少なく，かつ，直線や斜線といった構成要素を含んでいる漢字である「牛」を刺激材料に用いて，年長児と大学生を対象に「なぞり」と「視写」の際の筆記過程を定量的に分析した。その結果，年長児において「視写」に比べて「なぞり」時の筆圧が低く，筆記時間も延長していた。筆跡に注目すると，年長児においては直線が蛇行するような「ゆれ」が生じており，これは「視写」よりも「なぞり」による筆記で顕著に観察されたことが明らかとなった。

　このように筆記過程を定量的に評価することで，子どもの書字にみられる特徴が運筆技能のいかなる要因によって引き起こされているのか，より詳細に迫っていくことが期待できるだろう。そこで，紙に書かれた筆記軌跡の情報を取り込むことのできるデジタルペンを使用し，書字入門期の子どもたちにおける運筆技能の発達的特徴を明らかにしようとする試みについてここでは紹介していく。

　尾上（2017）は，年中児，年長児，小学校1年生の書字入門期にあたる子どもたちの筆記過程をアノトデジタルペン（ADP-201：アノト社製）により検討している。刺激材料は前述の小野瀬（1995）の研究で用いられた「牛」であり，アノトシステムによって専用紙に書かれた筆記過程をデジタル情報に記録・変換し，それを専用ソフトウェア（Elian software：Seldage 社製）にて分析することができる。ここで，アノトシ

第Ⅰ部　協調運動の発達とその問題

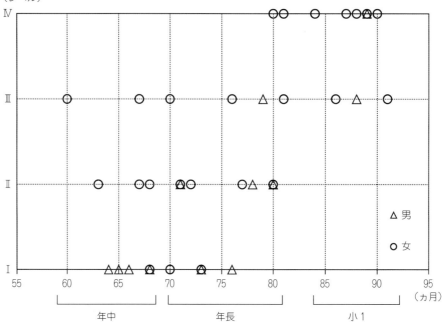

図表4-7　視写による文字形態のレベル分けと月齢との散布図（尾上，2017を一部改変）

ステムについて若干の説明を加えると，専用紙には位置情報を示すため0.3mm間隔の点が薄く印刷されており，ペンの赤外線カメラがその座標を1秒間に75回の頻度で読み取り，メモリ内に筆記過程の軌跡を保存することができる。これをパソコン内に保存し，専用ソフトウェアを用いて筆記距離，筆記時間，休止時間，平均速度などを求めることができる。なお，アノトデジタルペンでは筆圧も計測可能ではあるが，筆圧の上限が低く設定されているために，簡単に上限に達してしまうことが多く，ここでは分析の対象から除外している。

　このデジタルペンを用いて，漢字1文字の「なぞり」と「視写」を求めた際の筆記過程を発達的に検討した。まず，筆記そのものに注目すると，「視写」によって書かれた文字形態に関しては，文字そのものが判別できない事例から手本に近いものまで個人差が大きかった。そこで，崎原（1998）の基準に当てはめて，文字形態を4段階で評定したところ，最も評価の低いレベルⅠ（「牛」と判読するのが困難なレベル）に該当したのが10人，レベルⅡ（判読可能であるが，誤りのカテゴリーで2つ以上が該当するレベル）が11人，レベルⅢ（誤りのカテゴリーの中でいずれか1つのみが該当するレベル）が10人，レベルⅣ（誤りのカテゴリーがみられないレベル）が10人であった。年中児ではレベルⅣに該当する子どもはみられず，小学校1年生では逆にレベルⅠやⅡに該当する子どもはいなかった。横軸を月齢とし，縦軸をレベル分けとする散布図をみても，基本的には発達とともにレベルが上昇する傾向にあるものの，学年群ごとにみれば，幼児期の年中および年長において該当するレベルの個人差が大きいことがわかる（図表4-7）。

第 4 章　ひらがな書字習得と運筆技能

図表 4-8　視写によるレベル別にみた筆記時間（尾上，2017 を一部改変）

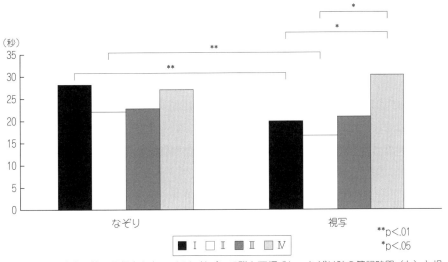

視写による書字形態で評価されたレベルに基づいて群を再編成し，なぞり時の筆記時間（左）と視写時の筆記時間（右）の平均値を算出した。レベル 1 や 2 のように低水準の場合，視写時の筆記時間は短縮する傾向にある。

　そこで，レベルごとに筆記過程を分析してみると，筆記時間においてレベル間で顕著な差が認められた。図表 4-8 は「なぞり」および「視写」ごとに各レベルでの筆記時間の平均値を示している。これをみると，「視写」による筆記ではレベル間で差があり，レベルの上昇に伴って筆記時間が延長することが明らかとなった。このことは，手本を見ながら筆記速度をコントロールしながら書字できることによって，手本通りに書くという正確な筆記が達成できることを意味している。一方で，「なぞり」による筆記との比較では，レベル間で大きな差はみられないものの，レベルが低水準の場合には「なぞり」と「視写」との筆記時間に違いがみられることが明らかとなった。すなわち，「なぞり」にくらべると「視写」で筆記時間が顕著に短縮することを示しており，この結果は年長児を対象とした前述の小野瀬（1995）の報告と一致していた。これらのことから，視写による書字がまだ困難な事例においては，筆記時間が常に早くなってしまうのではなく，視写のように何かを見て書き写そうとする際に，筆記速度を抑える運筆コントロールがうまくいかず，筆記時間の短縮がみられるものと示唆された。

4　幼児期における書字指導のあり方

　これまでひらがな書字の習得とそれを支える様々な認知処理に関して最新の研究知見とともに紹介してきた。それらを踏まえると，幼児期における書字指導はいかなる点に留意しなければならないのだろうか。
　ひらがな書字習得の低年齢化は 20 年以上，あるいはもっと前から指摘されてきたこ

とであり，その都度，書字習得を急ぐあまりに子どもの自発性を考慮しない教え込む書字指導への危惧が指摘されてきた（三神，2010）。近年では，幼児期において明確な診断はついていないが，子どもの行動的特徴から発達障害などが疑われる「気になる子」の存在が注目されている。その言葉が示す状態像は落ち着きのなさ，友達とのかかわり，指示の通りにくさといった社会性や対人関係の問題によるものが多い（佐々木ほか，2011）。本格的な読み書き指導は就学後に行われると考えれば，学習上の問題は「気になる子」としてあがることは少ないのが現状であろう。その一方で，読み書きの習得は低年齢化しており，子どもの発達状態を考慮せずに教え込み指導を行うことで，学習に対する動機づけや自尊感情の低下をもたらしかねない。ただし，教え込む以前に，幼児が自ら文字に興味を示すことは事実であり，塩見（1992）によれば多くの子どもたちは，5歳前後になれば文字に興味をもち，積極的に書き始めるようになると指摘している。しかし，早い時期から書字活動を始めた子どもは，姿勢や筆記用具の持ち方などが悪いことも多く，筆順や文字形態など自己流に覚えてしまう危険性が指摘されている（齋木，2015；齋木・市原，2007）。したがって，幼児期において書字指導を行う際には，子どもの身体的かつ認知的発達を十分に配慮した上で，幼児期に適した指導法が考案されるべきであろう。

　これまでの幼児期における書字に関する研究を概観すると，書字指導で用いられる「なぞり」や「視写」はそれぞれに問題点を抱えているようである。すなわち，「なぞり」による指導は，子どもにとって手本に近い書字が可能となるために成功体験を生みやすい反面，運筆速度と筆圧の低下から筆記が安定しないようである。とりわけ，運筆技能が十分に備わっていない場合には，なぞり書きでは文字形態の全体像が把握しにくく，自発的な文字の使用につながらない危険性がある。一方で，「視写」による指導では，そのようなケースであっても文字形態の全体像が把握しやすく，見て書き写す技能の獲得に効果的である。しかし，子どもたちにとっては運筆速度のコントロールが難しく，筆記速度を増大させてしまう傾向があり，結果として手本となる文字を書き写すことが難しい面もある。このように考えると，それぞれの指導法には一長一短があり，子どもの運筆技能の状態を把握したうえで，それぞれの目的に応じた方法が取られるべきであろう。したがって，幼児期の書字指導をおこなう際には，一斉に指導するよりも個々の子どもの発達段階にあわせた丁寧な指導が必要となってくるものと思われる。

　なお，齋木・市原（2007）が指摘するように，幼児期であっても文字に興味を示さないケースもあり，そのような場合には就学後に個別学習などの支援が必要になるといわれている。幼稚園教育要領の中にも示されているように，文字に興味や関心をもたせ，使ってみたいと思うような活動の工夫がまず幼児期には求められるのであろう。その上で，子どもの実態に合わせた丁寧な指導が必要になっていくと考えられる。

（勝二博亮）

第5章 手指運動と筆記具操作と描画の連関

1 筆記具操作の発達

前述の M-ABC 検査のように，手先の器用さを調べるために描画課題を用いることがよくある。これは，運動制御の出力である筆記具操作が巧みであれば正確で緻密な描画が可能になるからである。すなわち，手先の器用さを調べるために，筆記具操作の結果として生じた描画状態を測定することになる。尾崎（2008a）は，それまで筆記具操作と描画結果の関係を系統的に実証した研究がほとんどなかったことから，筆記具操作と描画結果の関係を体系的かつ系統的に検討した。本章では，尾崎（2008a）の研究を紹介するとともに，さらに随意運動検査で調べた手指の随意運動と関係づけて，手先の器用さを調べるための描画課題の有効性をみていくことにする。

（1）実 験 方 法

筆記具操作の実験（尾崎，2008a）では，2歳6ヵ月から5歳9ヵ月の269名を対象に，B4判のケント紙に描かれた直径3cmの円を青の水性ペンで塗る課題（以下，円塗り課題）をおこなった。なお円塗り課題は，本検査である PWT 描線テストの1つである。円を塗りつぶしている経過は子どもの正面，右方，左方，上方の位置に配置された4台のビデオカメラにより同時撮影し，それらを4分割ユニットで4分割画面に合成して収録したビデオテープを再生して，筆記具操作を解析した。

筆記具操作の解析は，筆記具をどのような手指の形状で持っているか（以下，筆記具持ち方），そして筆記具を持つ手指をどのように動かしているか（以下，筆記具動き方）の2側面から調べた。

また，描画結果である円の塗りあがり状態は，塗り残しと塗りすぎを基準に評価した。円をきれいに塗ることは，塗り残しと塗りすぎの面積がともに大変少ない状態を表している。塗り残しと塗りすぎの面積の算出にあたっては，子どもが塗りつぶした円をスキャナーによってコンピューターに取り込んで塗り残しと塗りすぎの画素数を求め，それを面積に換算した。

第Ⅰ部　協調運動の発達とその問題

図表 5 - 1　筆記具持ち方の分類（尾崎，2008a）

A	B	C	D
2 指握り 	3 指握り 	4 指・5 指握り 	指尖握り 

E	F	G
挟み握り	手掌－回外握り	手指－回内握り

（2）筆記具持ち方

　幼児期の筆記具持ち方は，図表 5 - 1 に示すように，A：「2 指握り」，B：「3 指握り」，C：「4・5 指握り」，D：「指尖握り」，E：「挟み握り」，F：「手掌－回外握り（以下，回外握り）」，G：「手指－回内握り（以下，回内握り）」の 7 種に分類した。「2 指握り」は母指と示指の 2 指で筆記具を掴み，中指を対立位にして支える持ち方であり，「3 指握り」は母指，示指，中指の 3 指で筆記具を掴み，環指を対立位にして支える持ち方，さらに「4・5 指握り」は母指，示指，中指に加えて環指の 4 指で筆記具を掴み小指を対立位にして支えたり，あるいは 5 指全部で掴む持ち方である。また，「指尖握り」は，筆記具を指尖で保持する持ち方であるのに対して，「挟み握り」は，掴むのではなくて，指と指の間に挟んで筆記具を保持する持ち方である。また，「回外握り」と「回内握り」は，何れも筆記具を 5 本の指と手掌を使って握る持ち方であるが，前者は手が回外しているのに対して，後者は手が回内している握り方に対応している。

　これら 7 種の持ち方が，月齢が高くなるにつれて変化していく様子が，図表 5 - 2 にはっきりと読み取れる。すなわち，年少の時は，「回内握り」や「回外握り」や「挟み握り」など筆記具を手掌全体で握り込む持ち方が多いが，加齢とともに徐々に少なくなっていき，5 歳以降は「2 指握り」と「3 指握り」（三面把握に相当する）に収束していく。「2 指握り」と「3 指握り」は，筆記具を母指，示指，中指を用いて対立位で把持しているので，指を動かして筆記具が操作できる操作性の高い持ち方である。

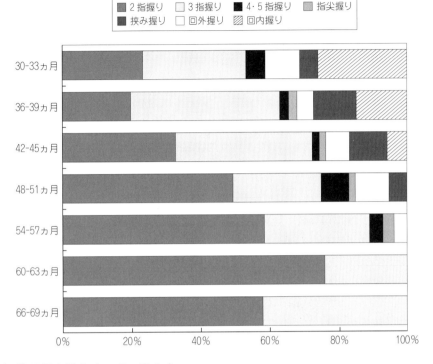

図表5-2 筆記具持ち方の発達変化（尾崎, 2008a）

（3）筆記具を操作する手の動き方

　次に，筆記具操作における手指運動として，筆記具を操作する手の動き方（以下，筆記具動き方）をみていこう。

　まず，上肢の運動を支える構造をみると（図表5-3），上腕，前腕，手からなる上肢では，肩関節，肘関節，手関節により屈曲，伸展などの動きが可能となっている。さらに，手は，5本の指と手掌からなり，多くの関節により屈曲，伸展が可能である。したがって，筆記具操作の手指運動は，上肢のどの関節部位を動かすかという関節運動によって分類することができる。関節運動の測定法については，日本整形外科学会身体障害委員会・日本リハビリテーション医学会評価基準委員会（1995）の関節可動域表示ならびに測定法（図表1-4）を参考にした。

　その結果，描画時の上肢関節運動は（図表5-3），①肩，肘，手関節は動かさず，指関節（指節間関節あるいは中手指節関節）を屈伸させてペンを動かしているもの（以下，「指動」），②肩，肘関節を動かさず，おもに手関節を背屈掌屈あるいは回転させつつ指関節を屈伸させてペンを動かしているもの（以下，「指手動」），③肩，肘関節を動かさず，おもに手関節を背屈掌屈，橈屈尺屈あるいは回転させペンを動かしているもの（以下，「手動」），④肩関節を動かさず，おもに肘関節を屈伸させてペンを動かしているもの（以下，「肘動」），⑤おもに肩関節を屈伸させてペンを動かしているもの（以下，「肩動」）の5種に大別された。なお，③，④，⑤には，複数の関節が同時に動いていたものも含まれるが，その場合には最も優位と思われる動きの関節

図表 5-3　上肢関節と筆記具動き方

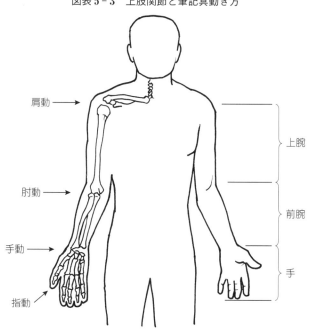

図表 5-4　筆記具動き方の発達変化（尾崎，2008a）

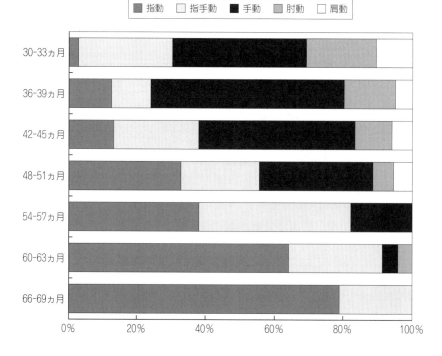

運動として分類した。また，指関節と手関節とがともに顕著に動いていて，優劣を判断できない場合には，「指手動」として分類した。

すなわち，「肩動」は肩関節による上肢全体の大きな動き，「肘動」は肘関節による前腕の動き，「手動」は手節による手の動き，「指動」は指関節による最も微細な動きである。筆記具動き方は，「肩動」「肘動」「手動」「指動」の順に，上肢の大きな動きから微細な動きになることを示している。

5種の筆記具動き方の発達変化をみると（図表5-4），年少の時には，「手動」「肘動」「肩動」が見られたが，月齢が長じるにつれてその割合は低下し，4，5歳で消失するのに対して，「指動」は，4歳以降に急増していった。筆記具を持つ指を動かすことで巧緻な筆記具操作が可能になるため，指の動きが急増する4歳時点は筆記具操作発達のターニングポイントと言える。

2 筆記具操作と描画の関係

前節では，加齢に伴って子どもが巧緻な筆記具操作を獲得していく様相を示したが，ここでは，筆記具操作とそれによって生じた描画結果との関係をみていく。実験方法は，前節と同じである。

（1）塗りあがり状態の発達変化

ここでは，直径3cmの円を塗る円塗り課題における筆記具操作とそれによって生じた描画結果との関係をみていく。描画結果である円の塗りあがり状態は，塗りあげ

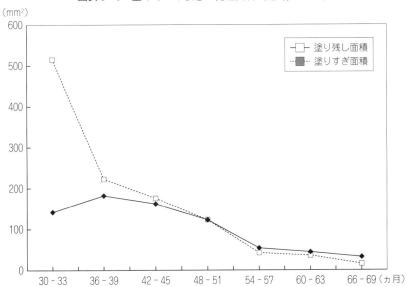

図表5-5　塗りあがり状態の発達変化（尾崎，2008a）

第Ⅰ部　協調運動の発達とその問題

図表5-6　円塗課題における塗りあがり作品例（尾崎，2008a）

月齢段階	円塗り課題	
30-33ヵ月	S.N. (33ヵ月)　塗り残し 556mm^2／塗りすぎ 11mm^2	K.Y. (33ヵ月)　塗り残し 538mm^2／塗りすぎ 47mm^2
36-39ヵ月	T.M. (39ヵ月)　塗り残し 270mm^2／塗りすぎ 45mm^2	K.S. (39ヵ月)　塗り残し 287mm^2／塗りすぎ 41mm^2
42-45ヵ月	R.K. (42ヵ月)　塗り残し 171mm^2／塗りすぎ 52mm^2	M.O. (42ヵ月)　塗り残し 202mm^2／塗りすぎ 71mm^2
48-51ヵ月	T.I. (48ヵ月)　塗り残し 97mm^2／塗りすぎ 62mm^2	R.S. (48ヵ月)　塗り残し 129mm^2／塗りすぎ 67mm^2
54-57ヵ月	S.N. (54ヵ月)　塗り残し 48mm^2／塗りすぎ 33mm^2	K.S. (57ヵ月)　塗り残し 46mm^2／塗りすぎ 42mm^2
60-63ヵ月	N.A. (60ヵ月)　塗り残し 34mm^2／塗りすぎ 39mm^2	A.W. (61ヵ月)　塗り残し 50mm^2／塗りすぎ 43mm^2
66-69ヵ月	S.T. (66ヵ月)　塗り残し 8mm^2／塗りすぎ 29mm^2	A.O. (69ヵ月)　塗り残し 8mm^2／塗りすぎ 17mm^2

た作品をパソコンに入力し，塗り残しと塗りすぎの面積を算出することによって評価した。

　塗りあがり状態の発達変化を，塗り残し面積と塗りすぎ面積の2要素からみると，図表5-5に示すように，30-33ヵ月では，塗り残し面積が大変多かったのが，36-39ヵ月では急減した後，加齢とともに緩やかに減少していき，60-69ヵ月には，塗り残しはほとんどなくなっていった。一方，塗りすぎ面積は，30-33ヵ月では少ないが，36-39ヵ月で逆に僅かに増加した後，加齢とともに漸減していった。

　これらの塗り残し面積と塗りすぎ面積が，実際の円塗りの状態をどのように表しているのかをみてみよう。各月齢段階の平均的な円塗りの例で説明すると（図表5-6），30-33ヵ月では，円の中に丸や円錯（幾重にも描かれた丸）が描かれているだけであり，このような場合は塗り残し面積は大変多く塗りすぎ面積は少ないことになる。36ヵ月以降，円をかなり塗りつぶせるようになっても，依然として塗り残した部分は多くまた円から外へはみ出して塗りすぎも生じている。しかし，加齢とともに塗り残し塗りすぎ面積は次第に少なくなっていき，66-69ヵ月になるとほぼ正確に円は塗りつぶされていることがわかる。

　結局，円塗課題における塗りつぶし行動の発達は，年少時に円の中を塗ることができない状態から，月齢が高くなるにしたがって円の中を塗りつぶしていく過程として捉えられる。そして，年長になると塗り残しと塗りすぎが少なくなり，円の中をきれいに塗ることができるようになる。

（2）塗りあがり状態と筆記具操作の関係

　塗りあがり状態と筆記具操作との関係をみるために，筆記具持ち方および筆記具動き方の違いによる塗り残し面積と塗りすぎ面積を調べていこう。

　筆記具持ち方では，7種の持ち方（図表4-1）を「2指握り」「3指握り」「その他持ち方」の3群に分類すると，塗り残し面積については，「2指握り」と「3指握り」は「その他持ち方」よりも有意に少なかった。しかし，塗りすぎ面積では，筆記具持ち方の3群による違いは認められなかった（図表5-7）。これは，筆記具持ち方の「2指握り」や「3指握り」といった操作性の高い持ち方を獲得した子どもほど，円塗り課題において塗り残しが少なく塗れていることを示している。

　次に，筆記具動き方を「指動」「指手動」「手動・肘動・肩動」の3群に分類すると，塗り残し面積については，「指動」が「指手動」より有意に少なく，さらに「指手動」が「手動・肘動・肩動」よりも有意に少なかった。また，塗りすぎ面積では，「指動」と「指手動」が「手動・肘動・肩動」よりも有意に少なかった（図表5-8）。これにより，筆記具動き方では，筆記具をより微細な動きで操作するほど，円塗り課題における塗り残しも塗りすぎも少なく，きれいに塗れていることがわかった。

　以上のことから，円塗り課題の塗りあがり状態と筆記具操作時の手指運動とは密接

第Ⅰ部　協調運動の発達とその問題

図表 5 − 7　筆記具持ち方における塗り残し塗りすぎ面積（尾崎，2008a）

(mm²)

			塗り残し面積		塗りすぎ面積	
			平均値	標準偏差	平均値	標準偏差
①	2 指握り	（N = 123）	116.5	191.2	108.1	170.4
②	3 指握り	（N = 96）	127.0	202.9	121.4	179.7
③	その他持ち方	（N = 70）	357.1	249.2	134.9	211.0
F 値	df = 2,286		33.433*** ①，②＜③		0.485	

注）多重比較により有意差が認められたものを不等号で表す　　　***p＜.001

図表 5 − 8　筆記具動き方における塗り残し塗りすぎ面積（尾崎，2008a）

(mm²)

			塗り残し面積		塗りすぎ面積	
			平均値	標準偏差	平均値	標準偏差
①	指動	（N = 85）	25.6	45.7	63.0	104.1
②	指手動	（N = 68）	161.9	206.4	97.0	168.9
③	手動・肘動・肩動	（N = 136）	281.9	260.0	165.0	216.1
F 値	df = 2,286		40.693*** ①＜②＜③		9.203*** ①，②＜③	

注）多重比較により有意差が認められたものを不等号で表す　　　***p＜.001

な関係があることがわかる。すなわち，最も微細な指の動きである「指動」が発現していれば円をきれいに塗りあげることができるが，手や肘などの関節運動による大きな動きしかできない時には円をきれいに塗りあげることが難しいことを示している。そのため，円塗り課題の塗り残し面積と塗りすぎ面積は，筆記具操作の手指運動を反映しており，手指運動の指標として有効であると言えよう。

　ところで，筆記具操作の獲得と塗りあがり状態は，発達的にどのような順序で進むかをみてみよう。図表 5 − 9 は，Ordering Analysis（Airasian & Bart, 1973）によって，筆記具操作と円塗りあがり状態の発達順序性をみたものである。筆記具操作として「2・3 指握り」と「指動」を取り上げ，描画結果としては，円塗りあがり状態の「塗り残し塗りすぎ1/8（塗り残しおよび塗りすぎ面積が円面積の1/8以下）」と「塗り残し塗りすぎ1/16（塗り残しおよび塗りすぎ面積が円面積の1/16以下）」，そして，自由画で人などの絵がしっかりと人らしく描けることである「絵画的描写」を取り上げた。さらに，発達の目安として KIDS 乳幼児発達スケールの操作領域の14項目を加えた（図表 1 − 6 ）。なお，KIDS の「 5. 人を描く」は，丸の組合せで描いた人の顔のレベルの描画を含んでいる。

　これらの項目の発達順序性を算出すると，まず「 5. 人の顔を描く」ことができてから，「2・3 指握り」が獲得され，その後に「塗り残し塗りすぎ1/8」ができるようになる。同時期に「絵画的描写」ができるようになっている。そして，「10. クレヨ

第5章 手指運動と筆記具操作と描画の連関

図表5-9 筆記具操作と円塗りあがり状態の発達順序性（尾崎，2008a）

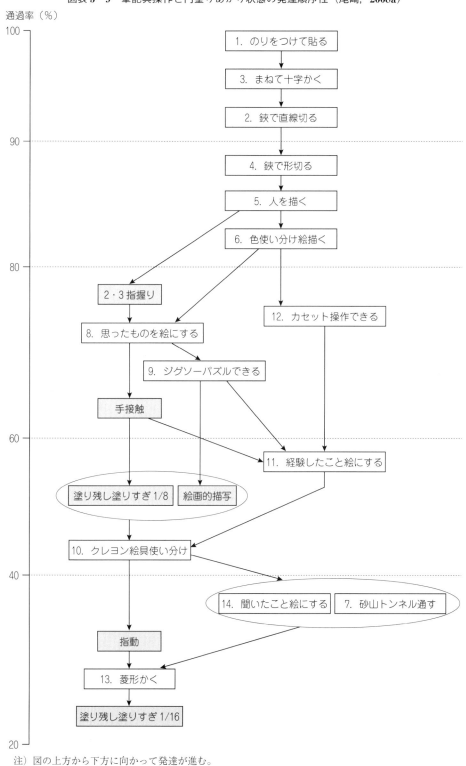

注）図の上方から下方に向かって発達が進む。
　　矢印が引かれている時，矢印前の項目が後の項目の発達的前提条件である。
　　□はKIDS項目，■は実験結果の項目である。

第Ⅰ部　協調運動の発達とその問題

図表5-10　円塗りあがり状態の経年変化についてR子の事例（尾崎，2008a）

月齢	円塗作品	指動	自由画	指動
3歳0ヵ月				
3歳3ヵ月				
3歳6ヵ月				
3歳9ヵ月				
4歳0ヵ月				●
4歳4ヵ月		●		●
4歳6ヵ月		●		●
4歳9ヵ月		●		●

（塗り残し・塗りすぎ　(mm²)）

ンと絵の具の使い分けができる」の後に，「指動」が出現する。さらに，「指動」が獲得されたことが発達前提となって，「13. 菱形が書ける」ようになり，最後に「塗り残し塗りすぎ1/16」ができるようになる。つまり，「2・3指握り」が獲得されると円がある程度塗れるようになり，その後，「指動」が出現すると，ほとんど塗り残し塗りすぎがなくきれいに円を塗れるようになることを表している。

　実際に，一人の子どもの円塗り塗りあがり状態の発達順序を図表5-10に示す。R子の円塗りと自由画について，3歳から4歳9ヵ月まで3ヵ月おきに8回調べたものである。各回の横に書かれた●は，描画の際に「指動」が出現したことを表している。また，図表5-10の右のグラフには，円塗り課題における塗り残しと塗りすぎ面積の月齢変化が示されている。

　円塗りあがり状態と自由画を比較すると，塗り残しの多い3歳3ヵ月までは，描画3段階の「アグレゲイト」であるが，塗り残しが少なくなり，逆に塗りすぎが多くなる3歳6ヵ月頃から簡単な人の顔が描けるようになり，4歳時に，ある程度円が塗りつぶせる状態である「塗り残し塗りすぎ1/8」になると，絵画的表現の高い人の顔を

60

描いている。さらに，4歳9ヵ月では，塗りあがり状態は「塗り残し塗りすぎ1/16」となり，円を大変きれいに塗れるようになっている。一方の自由画でも比較的完成に近い人間像を描いている。円がきれいに塗れるようになる経過と絵画的描写への経過が並行して進んでいることが分かる。

そして，円塗り課題において，3歳6ヵ月の時に「2指握り」ができるようになったR子は，4歳時に円塗りあがり状態が「塗り残し塗りすぎ1/8」となり，4歳4ヵ月で「指動」が出現した後，4歳9ヵ月で「塗り残し塗りすぎ1/16」となった。これは，図表5-9に示した円塗り課題における発達順序性と同じ発達経過を示している。

円塗り課題では，筆記具を腕から指の動きまで多様な動きによって操作することによって課題遂行することが可能であり（図表5-4），それらは加齢に伴い発達変化しているため，円塗り課題を実施することにより筆記具操作の筆記具動き方の発達段階を調べることができる。

3 手指運動と筆記具操作との関係

幼児を対象にした運動発達のアセスメントとして，田中（1989）の随意運動発達検査がある。この検査は，いくつかの下位検査で構成されているが，その一つに，A手指の随意運動がある。ここでは，A手指の随意運動の発達検査を行い，手指自体の動きを調べることによって，手指運動と筆記具操作の関係を調べることにする。検査は，前項の描画実験の後に行った。なお，随意運動発達検査については，第3章で紹介しているので，そちらを参照されたい。

A手指の随意運動の検査には，aテストとbテストとcテストがある（図表3-4）。aテストは，4つの項目からなり，いずれの場合も，最初は手を握って（じゃんけんの「グー」の形）から，指を伸ばすものである。bテストは，6つの項目からなり，いずれの場合も，最初は手を広げて（「パー」の形）から，指を曲げるものである。cテストは，両手で色々な形を作るものである。いずれのテストも，最初は易しく，段々難しくなっていく。

A手指の随意運動の検査手続きとしては，検査者が子どもの対面に座り，検査者が自分の手指で作った見本（図表3-4）を子どもに見せ，「これと同じ形にしてください。」と教示する。

aテストとbテストとcテストの検査項目に対する成否を円塗り課題の筆記具操作別に調べた。筆記具持ち方を「2指握り」「3指握り」「その他持ち方」の3種に分類して，持ち方別にaテストとbテストの通過率をみると（図表5-11），いずれの持ち方もテストの順番が進むにつれて，通過率が下がっていった。しかし，筆記具持ち方によって，通過率に違いが見られた。「2指握り」と「3指握り」にはあまり差がなかったが，これらの持ち方とそれ以外の「その他持ち方」では大きな違いがあった。

第Ⅰ部　協調運動の発達とその問題

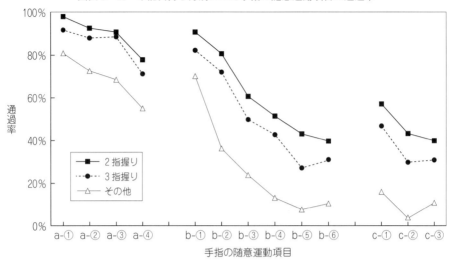

図表5-11　筆記具持ち方別にみた手指の随意運動項目の通過率

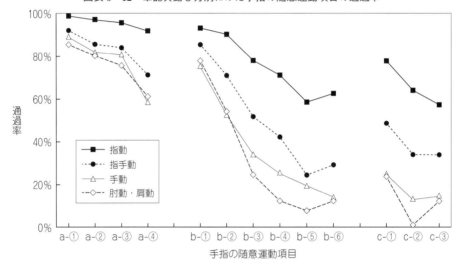

図表5-12　筆記具動き方別にみた手指の随意運動項目の通過率

　「2指握り」と「3指握り」は「その他持ち方」よりも手指の随意運動項目の通過率が大変高かった。これは，「2指握り」と「3指握り」といった操作性の高い三面把握をしている子どもは，それができない子どもよりも，手指を巧みに動かすことができることを示している。

　また，筆記具動き方を「指動」「指手動」「手動」「肘動・肩動」の4種に分類して，これら筆記具動き方ごとにaテストとbテストとcテストの通過率をみた（図表5-12）。どの筆記具動き方でもテストの順番が進むにしたがって，通過率が下がっていったが，筆記具動き方によって，通過率に違いが見られた。aテストでは，「指手動」「手動」「肘動・肩動」の通過率が概ね同じであったが，それらよりも「指動」の通過率がかなり高かった。bテストでは，「手動」と「肘動・肩動」の通過率が概ね

同じあり、「指手動」の通過率はそれよりも少し高かったものの、「指動」の通過率は「指手動」「手動」「肘動・肩動」よりもかなり高かった。ｃテストでも、「指動」の通過率は「指手動」「手動」「肘動・肩動」よりもかなり高かったのは、ａテストやｂテストと同じであるが、ｃテストでは、「手動」と「肘動・肩動」の通過率は「指手動」よりもかなり低かったのが特徴的であった。これは、「指動」という筆記具を持つ指を巧緻に動かして操作することができる子どもは、それができない子どもよりも、手指自体も巧みに動かすことができることを示している。これらのことから、円塗り課題において高い筆記具操作性を獲得している子どもは、手指自体の動きも巧緻性が高いことがわかった。

　協調運動のアセスメントとしては、随意運動発達検査のように、手指運動を測定する方法がある。今回、筆記具操作と随意運動発達検査との関係を調べることで、筆記具操作において微細な動きが実現できるには、手指自体が巧みに動くことが背景にあることがわかった。

4 手指運動と描画との関係

　ここでは、随意運動発達検査のＡ手指の随意運動と円塗り課題の円塗りあがり状態との関係をみていく。

　Ａ手指の随意運動の検査項目は、ａテスト、ｂテスト、ｃテストを合わせて計13項目である。1項目ができた場合を1点、できなかった場合を0点として13項目を合計したものを手指の随意運動得点とする。手指の随意運動得点は、最低点は0点、最高点は13点になる。

　この手指の随意運動得点と、円塗りあがり状態の塗り残し面積および塗りすぎ面積の相関を求めた（図表5‐13）。円塗りあがり状態は、塗り残し面積も塗りすぎ面積ともに、手指の随意運動得点との相関は0.1％の有意水準であったものの、円塗りすぎ面積は弱い相関でしかなかった。しかし、塗り残し面積は、相関係数 .629 という大変高い相関であった。この結果から、描画結果である円塗りあがり状態、特に塗り残し面積は、手指動作の指標となりうることが示唆される。

　これまで述べてきたように、Ａ手指の随意運動の検査結果は筆記具操作と関係しており、筆記具操作は円塗りあがり状態と関係していた。さらに、手指の随意運動の検査結果は、円塗りあがり状態とも関係していた。そのため、協調運動のアセスメントにおいて、描画結果を指標にすることが有効であると考えられる。

図表 5‐13　手指の随意運動得点と円塗りあがり状態の相関係数

	塗り残し面積	塗りすぎ面積
手指の随意運動得点	.629***	.201***

***p＜.001

第Ⅰ部　協調運動の発達とその問題

　なお，描画課題に自由画課題が用いられることがあるが，自由画課題では描く内容と大きさが子どもによって異なるのに対して，円塗り課題は，描く内容と大きさが一定であるため，同じ条件を設定するべきアセスメントとして円塗り課題の方が適している。また，自由画の方が積極的に取り組むかというとそういう訳ではない。幼児に自由に描かせると子どもの気分によっていい加減に描いたり，絵を描くことが苦手なために描いてくれないことが多い。それよりも，実際に円塗り課題をしてみると，絵を描くことが嫌いな子どもでも，興味をもって喜んで取り組むことがわかった。

第Ⅱ部

PWT 描線テストの手引き

第6章　PWT 描線テストとは

1　PWT 描線テストのねらい

　近年，子どもの不器用さについて注目されている。以前は，社会的及び教育的背景の中で生じる現象であり，子どもが成長すれば，自然に不器用の問題は解消されると思われていた。しかし，最近の研究では，自然に解消されないばかりか，不器用さをもつ子どもは，二次的障害として社会的不適応や情緒的問題をもつことが明らかになり，不器用さのアセスメントと支援の重要性が認識されるようになった。

　不器用さとは，脳機能に関わる協調運動の稚拙さを表している（中井，2014c）。不器用さの症状が深刻な場合は，発達性協調運動障害（DCD）と呼ばれている。また，ADHD，LD，ASD などの発達障害の子どもの多くが DCD を合併していることが明らかになってきた。しかし，我が国では，DCD に対する認識は，社会的さらには医学や療育の専門分野でも広がっておらず，DCD の診断やアセスメントがほとんどなされていない状況である。そのため，現在，日本において不器用と言われている子どもには，運動発達の晩熟の子ども，発達性協調運動障害の子ども，発達障害の子どもなどが混在していると言えよう。

　しかし，海外では，DCD の子どもに対して，幼児期後半から学童期において適切な支援を行うと不器用さが低減することが知られている。適切な支援を行うためには，まずは子どもがどのような協調運動の状態であるかをアセスメントする必要がある。協調運動は，粗大運動に関わるものと微細運動に関わるものに大きく分けられる。微細運動に関わる協調障害として，書字の問題があげられる。これは，DCD だけでなく，アスペルガー症候群や ADHD などの子どもたちにもっとも共通してみられると言われている。しかし，協調運動障害のアセスメントとして，最も有用とされている M-ABC でも，書字の問題はスクリーニングできないことが指摘されている（Henderson，2014）。そのため，書字を詳細に調べるアセスメントが必要である。この書字は，小学校以降に最も必要とされる学習スキルであるが，就学前に，前書字である描画や描線をたくさん経験することが，小学校以降の巧みな書字につながると考えられる。不器用な子どもは，就学後に書字動作の稚拙さによる不成功体験を積み上げて自信をなくすのではなく，就学前に不器用さをアセスメントして，描画や描線をたくさ

ん経験させる支援をおこなうことが求められる。しかし，我が国において，幼児の描画や描線を調べるアセスメントは存在しない。

そこで，本検査は，前書字（pre-writing）である描線を調べることによって，協調運動に不器用さをもつ子どもをスクリーニングするために開発された。保育者にとって，子どもが不器用さをもっていることは，保育の中である程度は感じ取れるだろう。しかし，それが，発達の晩熟のために生じているのか，あるいは協調運動の障害レベルであるのかを見分けることは難しい。そのため，子どもの不器用さの背景が分からないままに一般の保育対応をしていることがほとんどであるだろう。本検査の実施方法と採点方法は，なるべくわかりやすく，誰でも実施できるように配慮したため，保育者が園で本検査を実施することが可能である。是非，保育において，本検査を活用して，子どもの不器用さのアセスメントをおこない，保育や発達支援につなげていってほしい。

2 PWT 描線テストの特徴

PWT 描線テスト（以下描線テスト）は，次の特徴をもっている。
① **不器用さをもつ子どものスクリーニング検査である。**

不器用だと感じる子どもの協調運動が標準レベルであるのかそれとも遅滞レベルであるのかを見分けることができる。しかし，この結果を診断に結び付けてはいけない。発達性協調運動障害が疑われる時には，医療機関での診断を受ける必要がある。
② **適用年齢は，2歳から6歳である。**

現在，我が国では，幼児の協調運動を調べることに特化した検査はない。そのため，幼児の不器用さを調べる検査として大変有用である。
③ **個別検査である。**

保育や療育の場に検査ができる小部屋や場所が用意できれば実施できる。そこで，保育者や療育者が子どもと1対1で向き合って実施する。
④ **保育者や療育者が実施することができる。**

保育者や療育者が，実施できる個別検査である。比較的簡単に実施でき，採点できるようになっている。そのため，保育や療育の現場において，本検査を用いて幼児の不器用さを調べることができる。
⑤ **保育や支援につなげるワークブックがある。**

アセスメントの結果，協調運動に問題があるならば，本検査に対応したワークブック（尾崎，2018）が出版されているので，アセスメントで出された発達段階に合わせて，ワークブックの描画課題を継続して行うことができる。

3 検査開発の背景

　尾崎 (2008a) は，幼児期における描画時の筆記具操作と描画結果の発達変化を系統的に実証し，明らかにしてきた。それらの研究では，子どもが描画している様子を4方向から VTR で記録して筆記具操作を分析した（第5章参照）。また，描画結果は，コンピューターに取り込み，塗りつぶし面積を算出した。しかし，この記録と分析の方法は，記録や分析のための機器が必要であること，記録と分析に多大な労力がかかることから，多くの人が簡易に使えるアセスメントとしては実用的でない。そこで，本検査では，それらの機器がなくても，幼児を対象にして保育や療育の現場で使用ができ，結果が発達支援に直接結びつくアセスメントの開発をおこなうことを目指した。実際には，描画課題として円塗り課題に加えて，二点を線でむすぶ点つなぎ課題と二本の線間に線を引く線引き課題を行い，それらの描画結果から課題ごとに発達段階に分類した。この段階は，基準表を参照して判断するとともに，描画事例をたくさん記載してあるので，それを見れば段階を同定することができる。

　円塗り課題は，尾崎 (2008a) が詳細に検討し，発達変化が明らかになっている。線引き課題は，フロスティッグ視知覚発達検査 (Frostig, 1963) でもおなじみであるが，発達性協調運動障害の運動発達の評価として有用な Movement Assessment Battery for Children（M-ABC）(Henderson & Sugden, 1992) の手先の器用さ (manual dexterity) 領域でも採用されている。また，我が国でも先行研究で微細運動に関わる協調運動を測定するために用いられている（戸次, 2014；増田, 2008；増田, 2007；坂本・中嶋・世良, 2012）。

4 保育や発達支援へのつなげ方

　本検査でアセスメントした結果，遅れが認められた場合は，手指を使う様々な活動をおこなうとよい。しかし，ただ活動を増やせばよいというものでもない。子どもができないからといって，叱責することは論外であるが，子どもにとって苦手な活動を繰り返しやらせることは，苦痛となり，さらには，何度やってもできないという自信喪失だけを残すことになりかねない。そこで，ポイントは，子どもの実年齢相応の課題をやらせるのではなく，アセスメントでできなかった課題まで発達段階を遡って，子どもにできたという達成感と自信をつけていくことである。

　尾崎 (2018) は，本検査の描画課題に合わせたワークブックを作成した。このワークブックは，発達段階にそった描画課題が順に掲載されているので，子どもが楽しみながら順番に描画することによって，手先の器用さが向上していくことが期待される。保育者，療育者，保護者など子どもに関わる人は，子どもの年齢を基準にするのでは

第Ⅱ部　PWT 描線テストの手引き

なく，子どもの発達段階に合わせて，ほめたり励ましたりしてほしい。

アセスメントと対応したワークブック

尾崎康子（2018）. 気になる子のための保育ワークⅠ〜描画トレーニングで手の器用さを育てる〜　ひかりのくに

第7章　PWT 描線テストの発達段階

1 PWT 描線テストの描画課題

　描線テストには，1種の円塗り課題，1種の点つなぎ課題，4種の線引き課題の合計6種の描画課題を用いた。図表7-1では，これら6種の描画課題を①から⑥に示す。どの図形も線幅0.5mmで描かれている。なお，実際の大きさの図形は，巻末の検査用紙に書かれている通りである。

① 円塗り課題

　直径3cmの円を塗りつぶす，塗り課題である。これは，第5章で述べた円塗り課題と同じである。

② 横二点課題

　横に離れて書かれている二点を線でつなぐ，点つなぎ課題である。横二点課題には，二点が横に10cm離れているもの，4cm離れているもの，2cm離れているものの3通りがある。

③ 横線課題

　二本の横線の間に線を引く，線引き課題である。横線課題では，7mmの幅で二本の横線が平行に書かれており，その線間をはみ出さずに線を引く。二本線の全長は，10cm，4cm，2cmの3通りがある。また，横線課題では，横線の左に車，右に家が描かれており，車から家に向かって線を引くことが求められる。

④ 四角課題

　一辺10cmの四角形の線間（幅7mm）に線を引く，線引き課題である。四角課題では，四角の右下に車が描かれており，車から書き始めて，時計回りに軌道を一周して車に戻るまで線を引くことが求められる。

⑤ 矩形課題

　縦横3cmの矩形が連続して描かれた横幅14.5cmの連続矩形図形を用いる。連続矩形をした二本線の間（幅7mm）をはみ出さずに線を引く，線引き課題である。矩形課題では，連続矩形の左に車が，右に家が描かれており，車から家に向かって線を引くことが求められる。

71

第Ⅱ部　PWT描線テストの手引き

図表7-1　描画動作テストの描画課題

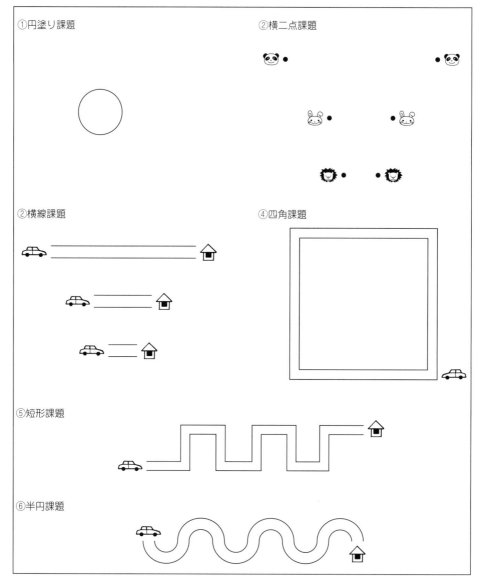

⑥　半円課題

　直径3cmの半円が連続して描かれた横幅14.5cmの連続半円図形を用いる。連続半円形をした二本の線の間をはみ出さずに線を引く，線引き課題である。半円課題は，連続半円形の左に車が，右に家が描かれており，車から家に向かって線を引くことが求められる。

2　発達段階分類の検証

　本検査で用いる9種の描画課題について発達段階を分類するために，以下の実験を

図表7-2　月齢段階における被験児の人数と性別

	2歳		3歳		4歳		5歳		合計
	24～29 ヵ月	30～35 ヵ月	36～41 ヵ月	42～47 ヵ月	48～53 ヵ月	54～59 ヵ月	60～65 ヵ月	66～71 ヵ月	
男	8	32	35	18	24	11	11	10	149
女	13	38	35	26	21	8	8	17	166
合計	21	70	70	44	45	19	19	27	315

行った。以下に，その実験の方法について述べる。

（1）被 験 児

　被験児は，生後24ヵ月から71ヵ月の幼児計315名（男149名，女166名）である。その年齢構成を図表7-2に示す。母親にKIDS幼児発達スケール（三宅，1989）を記入してもらったところ，被験児の発達指数は，最小値が81，平均値が113.8，標準偏差が15.7であった。

（2）描画課題の測定方法
① 手 続 き

　被験児は，机上に固定された描画用紙の前に座る。正面に座っている実験者が被験児に手本を見せて教示する。円塗課題では，ペンで塗りつぶされた3cmの円の手本を見せながら「丸の中をこのようにきれいに塗ってください」と言う。また線引き課題では，実験者が実際にペンで図形に線を引くのを見せながら「このように自動車が道路からはみ出さないように，道路の中に線を引いてください」と言う。それぞれの教示後，ペンで描くように求めた。いずれも描画時間を制限せず，子どもが終了の意思表示を行うまで描かせた。

　全ての描画課題において，筆記具には青の水性カラーペン（直径9mm，長さ16.4cm，ペン先2mm）を，描画用紙にはB4判のケント紙を用いた。

② 描画状態の評価

　①円塗り課題において円の中を塗りつぶすことができる場合，塗り残しと塗りすぎを基準に評価する。円をきれいに塗ることは，塗り残しと塗りすぎの面積がともに大変少ない状態を表しているため，塗り残しと塗りすぎの面積が円面積のどの位の割合にあたるかで評価した。塗り残しと塗りすぎの面積の算出にあたっては，子どもが塗りつぶした直径3cmの円をスキャナーによってコンピューターに取り込んで画素数を求め，それを面積に換算した。

　②点つなぎ課題では，離れて描かれた二点をしっかりと結ぶことができるかどうかで評価した。③から⑥の線引き課題では，2本線の間に線を引くことができるかどう

第Ⅱ部　PWT描線テストの手引き

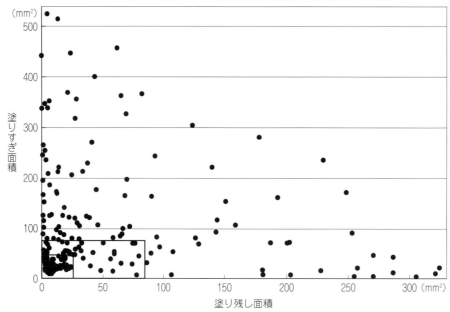

図表7-3　円塗り5段階における塗り残し面積と塗りすぎ面積の散布図

注）図中の点は，一人の子どもの塗り残しと塗りすぎを表している。左下の小さな四角内が5-3段階，その外側の四角内が5-2段階，一番外側の四角内が5-3段階である。

か，また引くことができる場合には，2本線からはみ出さずに線を引けるかどうかで評価した。はみ出しがある場合には，はみ出しが1cm未満を1点，1～2cmを2点，2～3cmを3点というように，はみ出した長さに応じて点数化し，課題ごとにはみ出した回数の全点数を合計し，はみ出し点数とした。

3　円塗り段階の分類

24ヵ月から71ヵ月の幼児の円塗り課題では，紙全体をなぐり描きする状態から円を大変きれいに塗りつぶすまで幅広い円塗状態が展開された。そこで円塗り段階を，紙全体や課題の上を大きくなぐり描きする（スクリブル）1段階，円の中に点や小さな丸などの印をつける（マーキング）2段階，円の上を大きい多重の円や線で描く3段階，円の中に小さな多重の円や線で描く4段階，円塗りができる5段階の5つに分けた。また，円塗りができても，塗り残し塗りすぎが大変多い状態から大変少なくきれいに塗れる状態まで幅広かった（図表7-3）。そこで，塗り残し塗りすぎがともに円面積の1/16（44.26mm²）未満である5-3段階，1/16（44.26mm²）以上1/8（88.51mm²）未満である5-2段階，1/8（88.51mm²）以上の5-1段階の3段階に分けた。その結果，円塗り課題は7段階に分類された（図表7-4）。

これら7段階の発達推移を見るために，各月齢段階における7段階の割合を調べてみると（図表7-5），年少段階では1～4段階が多いが，年長になるに伴って5-1段階，5-2段階，5-3段階の順に増加していくことがわかる。

第7章　PWT 描線テストの発達段階

図表7-4　PWT 描線テストの発達段階一覧表

① 円塗り課題

円塗り段階	描　画　内　容
1段階	紙全体や課題の上を大きくなぐり描き
2段階	円の中に点や丸などの印をつける（マーキング）
3段階	円の上を大きい多重の円や線で描く
4段階	円の中に小さい多重の円や線などを描く
5-1段階	円を塗る‐塗り残し・塗りすぎが大変多い
5-2段階	円を塗る‐塗り残し・塗りすぎがあるが，大体塗れている
5-3段階	円を塗る‐塗り残し・塗りすぎがほとんどなく，きれいに塗れている

② 横二点課題

点つなぎ段階	描　画　内　容
1段階	紙全体や課題の上を大きくなぐり描き
2段階	動物の上を塗ったり，線を引いてマーキング
3段階	二点の間に不正確な線引き
4段階	点と点を線でつなぐ

③ 横線課題

線引き段階	描　画　内　容
1段階	紙全体や課題の上を大きくなぐり描き
2段階	車，家，横線の上を塗ったり，線を引いてマーキング
3段階	不正確な線引き
4-1段階	線を引く‐はみ出しあり
4-2段階	線を引く‐はみ出しなし

④四角課題，⑤矩形課題，⑥半円課題

線引き段階	描　画　内　容
1段階	紙全体や課題の上を大きくなぐり描き
2段階	車，家，四角形の上を塗ったり，線を引いてマーキング
3段階	不正確な線引き
4-1段階	二本線間に線を引く‐はみ出し多い（全長の1/3以上）
4-2段階	二本線間に線を引く‐はみ出し少し（全長の1/3未満）
4-3段階	二本線間に線を引く‐はみ出しなし

4　点つなぎ段階の分類

　点つなぎ課題では，離れて書かれた二点を線でつなぐことが求められるが，24ヵ月から71ヵ月の幼児では，紙全体のなぐり描きから二点を正確に線でつなげることまで幅広い状態が認められた。そこで，点つなぎ段階を，紙全体をなぐり描く1段階，動

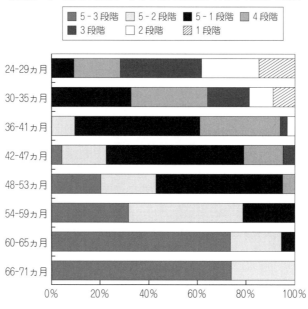

図表7-5 円塗り課題における各月齢段階の円塗り段階の割合

物の上をマーキングする2段階，二点の間に不正確な線を引く3段階，二点の間に正確に線を引く4段階に分けた（図表7-4）。

各月齢段階におけるこれら点つなぎ段階の割合を図表7-6に示す。10cm，4cm，2cmのいずれにおいても，24〜35ヵ月の時には，1〜3段階が多いが，42ヵ月を過ぎるとすべて4段階になっていた。

5 　線引き段階の分類

③から⑥の線引き課題では，始点の車から終点の家まで，7mm幅の二本線の間をはみ出さずに線を引くことが求められるが，24ヵ月から71ヵ月の幼児では，紙全体のなぐり描きからはみ出さずに線を引くことまで幅広い状態であった。そこで，線引き段階を，紙全体をなぐり描きする1段階，車，家，線の上にマーキングする2段階，線間を無視して車から家へと線を引いたり，車の始点と家の終点が無視されて線が引かれたり，線間に何本かの線を引いたりする不正確な線引きをする3段階，線間に線を引く4段階に分けた。

さらに，線間に線を引いた4段階でも途中ではみ出すことも多く見られた。そこで，③ 横線課題では，はみ出しがあった4-1段階とはみ出しが全くなかった4-2段階に分けた（図表7-4）。また，④ 四角課題，⑤ 矩形課題，⑥ 半円課題におけるはみ出し点数を調べると（図表7-7），いずれの課題でもはみ出し点数の最大値は刺激図形の全長よりも小さかった。そこで，はみ出し点数が刺激図形の全長の1/3以上を4-1段階，1/3未満を4-2段階，全くはみ出しがない場合を4-3段階として3つ

第7章 PWT描線テストの発達段階

図表7-6 横二点課題における各月齢段階の点つなぎ段階の割合
1）横二点課題10cm

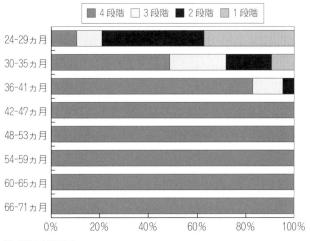

2）横二点課題4cm

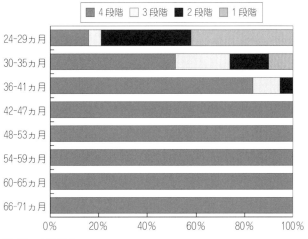

3）横二点課題2cm

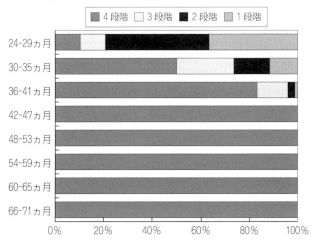

77

第Ⅱ部　PWT 描線テストの手引き

図表 7 − 7　線引き課題 4 段階のはみ出し点数

		人数	平均値（SD）	最小値	最大値
③ 横線課題 10cm	4 − 1 段階	92	3.01（2.16）	1	9
	4 − 2 段階	158	0	0	0
③ 横線課題 4 cm	4 − 1 段階	45	1.69（0.95）	1	4
	4 − 2 段階	205	0	0	0
③ 横線課題 2 cm	4 − 1 段階	28	1.25（0.44）	1	2
	4 − 2 段階	229	0	0	0
④ 四角課題	4 − 1 段階	58	17.93（4.03）	13	29
	4 − 2 段階	150	5.16（3.13）	1	12
	4 − 3 段階	37	0	0	0
⑤ 矩形課題	4 − 1 段階	47	10.72（3.15）	8	21
	4 − 2 段階	115	3.9（2.00）	1	7
	4 − 3 段階	47	0	0	0
⑥ 半円課題	4 − 1 段階	68	10.21（2.79）	7	19
	4 − 2 段階	120	3.17（1.76）	1	6
	4 − 3 段階	30	0	0	0

に分けた（図表 7 − 4）。たとえば，④ 四角課題の場合は，はみ出し点数が13点以上を
4 − 1 段階，1〜12点を 4 − 2 段階，全くはみ出しがない場合を 4 − 3 段階とした。

　これらの課題ごとに，各月齢段階における線引き段階の割合を調べた。③ 横線課題では（図表 7 − 8），10cm，4 cm，2 cm のいずれもはみ出さないで線が引ける段階である 4 − 2 段階が年長になるにつれてできるようになっていた。④ 四角課題，⑤矩形課題，⑥ 半円課題では（図表 7 − 9），はみ出さないで線が引ける 4 − 3 段階ができるようになるのは，③ 横線課題よりもかなり遅かった。

第7章 PWT 描線テストの発達段階

図表7-8 横線課題における各月齢段階の線引き段階の割合
1) 横線課題 10cm

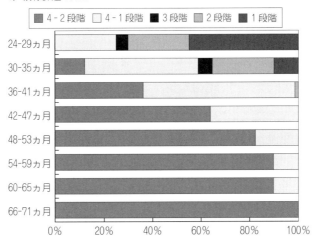

2) 横線課題 4 cm

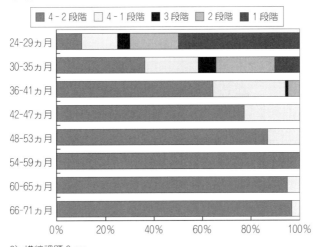

3) 横線課題 2 cm

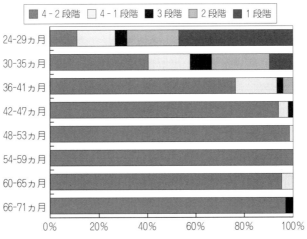

第Ⅱ部　PWT 描線テストの手引き

図表 7 - 9　四角課題，矩形課題，半円課題における各月齢段階
の線引き段階の割合

④四角課題

凡例：4 - 3 段階　4 - 2 段階　4 - 1 段階　3 段階　2 段階　1 段階

24-29ヵ月
30-35ヵ月
36-41ヵ月
42-47ヵ月
48-53ヵ月
54-59ヵ月
60-65ヵ月
66-71ヵ月

0%　20%　40%　60%　80%　100%

⑤矩形課題

凡例：4 - 3 段階　4 - 2 段階　4 - 1 段階　3 段階　2 段階　1 段階

24-29ヵ月
30-35ヵ月
36-41ヵ月
42-47ヵ月
48-53ヵ月
54-59ヵ月
60-65ヵ月
66-71ヵ月

0%　20%　40%　60%　80%　100%

⑥半円課題

凡例：4 - 3 段階　4 - 2 段階　4 - 1 段階　3 段階　2 段階　1 段階

24-29ヵ月
30-35ヵ月
36-41ヵ月
42-47ヵ月
48-53ヵ月
54-59ヵ月
60-65ヵ月
66-71ヵ月

0%　20%　40%　60%　80%　100%

80

第8章 PWT 描線テストと手指運動との関係

　前章で描線テストの発達段階を分類したが，本章では，これらの発達段階が手指運動とどのような関係にあるかを調べていくことにする。なお，① 円塗り課題については，すでに第3章で円の塗りあがり状態と手指運動との関係を示したが，これは，円塗りあがり状態を塗り残しと塗りすぎの面積から評価したものであった。ここでは，前章で分類した発達段階（図表7-4）と手指運動との関係をあらためて調べていく。

1 PWT 描線テストと筆記具操作との関係

　① 円塗り課題における筆記具操作の上肢運動を測定した。対象児は，第7章と同じである（図表7-1参照）。また，実験の手続きについては第4章と同じである。すなわち，円を塗りつぶしている経過を子どもの正面，右方，左方，上方の位置に配置された4台のビデオカメラ（CCD-V800）により同時撮影し，それらを4分割ユニット（SQ-C120）で4分割画面に合成して収録したビデオテープを再生して，筆記具操作を評価した。

　筆記具動き方については，関節可動域表示ならびに測定法（日本整形外科学会身体障害委員会ほか，1995）に基づいて，肩，肘，手関節は動かさず指関節（指節間関節あるいは中手指節関節）を屈伸させてペンを動かしているもの（以下，「指動」），肩，肘関節を動かさず，主に手関節を背屈掌屈あるいは回転させつつ指関節を屈伸させてペンを動かしているもの（以下，「指手動」），手関節を背屈掌屈あるいは回転させてペンを動かすもの（以下，「手動」），肩関節を動かさず，主に肘関節を屈伸させてペンを動かすもの（以下，「肘動」），主に肩関節を屈伸させてペンを動かしているもの（以下，「肩動」）の5つに分類した。この中で，「肩動」がもっとも大きな上肢運動であり，「肘動」「手動」「指手動」の順に上肢運動は細かくなり，「指動」が上肢運動において最も微細な動きである。

　円塗り段階と筆記具を操作する手指の動き（以下，筆記具動き方）との関係を調べるために，1段階から5段階の円塗り段階において，5種の筆記具動き方がどのような割合でみられるかを調べた（図表8-1）。1，2，3段階では「肘動」と「肩動」が最も多かったが，4段階と5-1段階では「手動」，5-2段階では「指動」が最も多かった。特に指動は1〜4段階ではほとんど出現せず，5段階から多く出現するよう

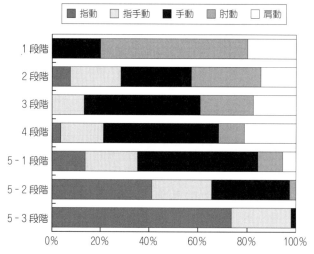

図表8-1 円塗り課題における各円塗り段階の記具動き方の割合

になったが、5-1段階では「指動」の割合は少なく、5-2段階、5-3段階と進むにつれて増加していき、5-3段階において「指動」の割合は78.4%に達した。このように、円塗り段階が低いほど大きな動きの手指運動が多いが円塗り段階が上がるにともない細かい動きの手指運動が多くなり、最終の5-3段階では最も微細な「指動」が多くなった。逆に円塗り段階の低い1段階、2段階、3段階では全く「指動」がなかった。したがって、円塗り段階が高くなるほど微細な手指運動が出現したことから、円塗り段階を評価することは、筆記具操作の状態をある程度反映していると考えられる。

2 PWT描線テストと手指運動との関係

(1) 随意運動発達検査の通過率

描線テスト終了後に随意運動発達検査のA手指の随意運動（田中，1989）の項目を実施した。随意運動発達検査については、第3章で紹介した。すなわち、検査者が運動パターンを幼児に見せて、それを幼児に模倣させる検査である。最初に、手を握った状態（グーの形）から始めるaテスト4項目、手を開いた状態（パーの形）から始めるbテスト6項目、そして両手でおこなうcテスト3項目の計13項目がある（図表3-4参照）。描線テストの終了後に、そのまま椅子に座った状態で行う。正面に座っている検査者が、自分の手指で手本を示しながら「これと同じ形にしてください」と教示する。

描画段階とA手指の随意運動との関係を検討するために、描画段階におけるA手指の随意運動項目の通過率を調べた（図表8-2）。円塗り課題では、大半の随意運動項目で円塗り段階が高いほど通過率が高かった。最も易しいaテストでは、5-2段階と5-3段階の通過率に大きくなかったが、難易度が高いbテストやcテストでは、5-3段階の通過率は、他の段階を大きく上回っていた。円をきれいに塗れる5-3段階

第8章　PWT描線テストと手指運動との関係

図表8-2(1)　各描画段階における手指の随意運動項目の通過率

①円塗り課題

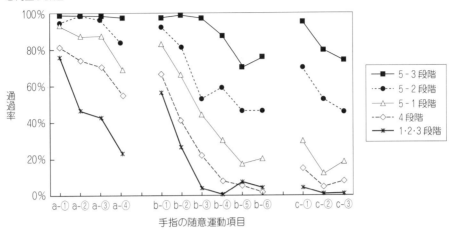

②横二点課題 10cm

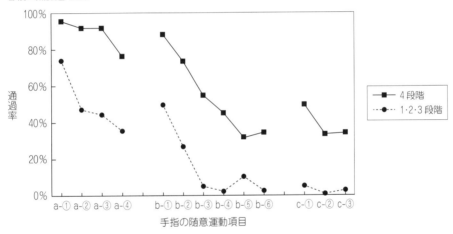

③横線課題 10cm

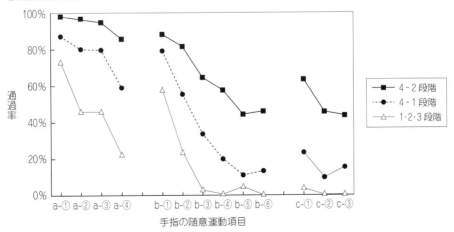

83

図表8-2(2) 描画段階における手指随意運動項目の通過率

④四角課題

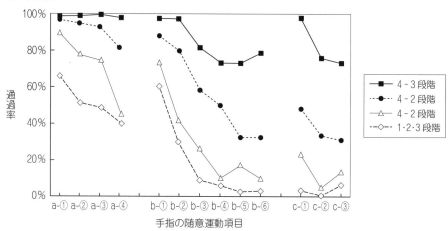

⑤矩形課題

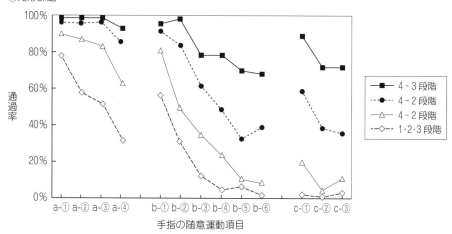

⑥半円課題

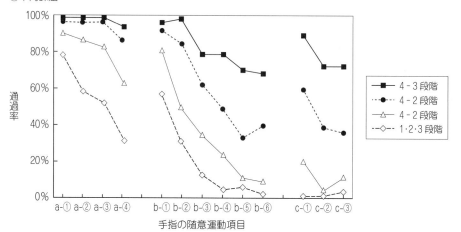

では，手指が巧緻に動いていることがわかる。それに対して，円の中を塗りつぶすことができない1・2・3段階では，b-③以降の手指の随意運動項目はほとんどできなかった。これらのことから円塗り段階は手指運動の巧緻性をある程度反映していると言えよう。

点つなぎ課題である横二点課題では，点つなぎ段階の4段階は，二点を正確に線でつなぐことができる段階であり，1・2・3段階は，二点をつなぐことができない段階である。両者を比較すると，すべての手指の随意運動項目において，4段階の通過率が1・2・3段階よりも大変高いことがわかる。1・2・3段階では，b-③以降の手指の随意運動項目はほとんどできなかった。二点を正確に線でつなげられるかどうかで，手指の巧緻な動きに大きな違いがあると言えよう。

線引き課題である横二線課題，四角課題，矩形課題，半円課題では，何れの課題においても，線引き段階が高いほど，どの項目でも通過率が高かった。横線課題では，どの項目でも，3通りの段階で通過率に大きな違いがあったが，aテスト，bテスト，cテストと進むにつれて，4－1段階と4－2段階の差はさらに開いていった。はみ出しがなく線が引けた4－2段階では，他の段階に比べて，手指の巧緻な動きが獲得されていた。それに対して，線間に線が引けない1・2・3段階では，b-③以降の手指の随意運動項目がほとんどできない状態であり，手指が随意的に動きづらいことが推察される。これらについて，④四角課題，⑤矩形課題，⑥半円課題でも同じ傾向が示された。

（2）手指の随意運動点数

手指の随意運動項目は，aテスト，bテスト，cテストを合わせて計13項目ある。手指の随意運動点数とは，1項目ができた場合を1点，できなかった場合を0点として13項目を合計したものであり，最高点は13点になる。発達段階別に随意運動得点の平均値を求めた（図表8-3）。①から⑥の何れの課題でも段階が上がるにつれて随意運動点数の平均値は高くなった。各課題において，発達段階を独立変数，随意運動点数を従属変数とする一要因分散分析をしたところ，すべての課題において0.1％水準で有意であった。さらに多重比較をしたところ，④四角課題以外のすべての課題において，全段階間に5％の有意な違いがあった。④四角課題だけは，1・2・3段階と4－1段階の間に有意な違いがなかったが，他の段階間には5％の有意な違いがあった。随意運動点数からも描線テストの発達段階が手指の随意運動と関係していることが示された。

以上から，描画段階と手指運動との関係について，描画時の筆記具操作と手指運動の2つの運動側面から調べたところ，どちらの運動側面も描画段階と関連していることが示された。そこで，描画段階による評価は，幼児の手先の不器用さのアセスメントとして有効であると言える。尾崎（1996，2000a，2008a）の研究では，円塗課題の評

第Ⅱ部　PWT 描線テストの手引き

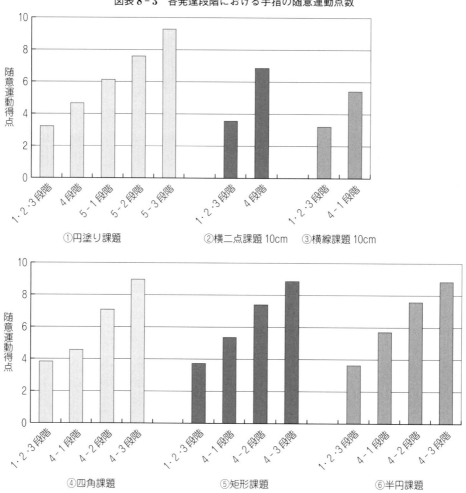

図表 8-3　各発達段階における手指の随意運動点数

価のためにコンピューターによって塗り残しと塗りすぎの面積を算出したが，本検査では，それを段階に分類することによって円塗状態の発達段階を評価することができた。また段階づけすることで正確に面積を計算する必要がなく，円面積の 1/8 や 1/16 がどのくらいかがわかる見本を示せば，家庭や保育現場においても段階評価することができる。あるいは，円面積の状態を判断するよりも，線引き課題において線のはみ出しを測定することの方が容易である。本検査では，これらの課題を組み合わせて，保育や療育の現場で容易に活用できるようにした。

第9章　PWT 描線テストの統計的特徴

描線テストは，「円塗り」「四角」「矩形」など，複数の描線をそれぞれ複数段階に得点化し，その結果をもとに対象者の手指の巧緻性について評価するものである。本章では，各課題の得点分布や，それに基づく発達年齢の算出について，その統計的特徴を説明する。

1 対象児の月齢と各課題の得点分布

描線テストの各課題の得点が対象児の発達段階を適切に測定できているかどうかについて検討するために，まず25ヵ月齢（2歳1ヵ月）から72ヵ月齢（6歳）までの幼児277名のデータを用い，対象児の月齢と各課題得点の分布がどのように対応しているかについて見てみることにする。

（1）円塗り課題

図表9-1は，円塗り課題の得点を縦軸に，対象児の月齢を横軸にとって示した散布図である。図表9-1に示した通り，対象児の月齢が上がるほど円塗り課題の得点も上昇するという関係にあることがはっきりと見てとれる。

課題得点と対象児の月齢との関係を明確化するために，対象児の月齢を6ヵ月ごとの8段階に分け，それぞれの月齢段階において課題得点の平均値および標準偏差（SD）を算出した。その結果を図示したものが図表9-2である。図表9-2には，平均値に加えて 2.0SD の範囲をグレーで示してある。ただし，標準偏差の幅が課題得点の範囲を超える場合には，課題得点の上限値・下限値を使用して範囲を設定している。

なお，円塗り課題の得点は1～7までの段階評価であり，順序尺度によるものである。したがって，厳密に言えば代表値として平均値を使用することは適切ではない。しかし，代表値に中央値を用いた場合の結果（図表9-3）と違いがほとんど見られないことや，他のいくつかの課題では複数種類の評価得点の合計値を課題得点として用いており，それらと指標を揃えた方がわかりやすいといった理由から，ここでは代表値として平均値と標準偏差を使用した。なお，中央値のグラフ（図表9-3）には，標準正規分布における確率密度に対応させる形で，2.5%点から97.5%点までを範囲と

図表 9-1　対象児の月齢と円塗り課題の得点の分布

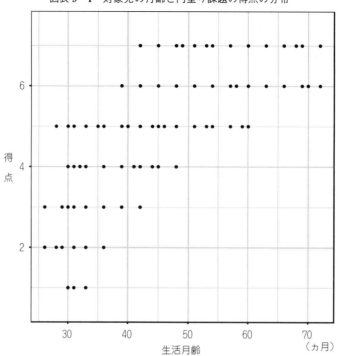

図表 9-2　月齢段階ごとの課題得点の平均値と標準偏差（グレーの範囲は 2.0SD）

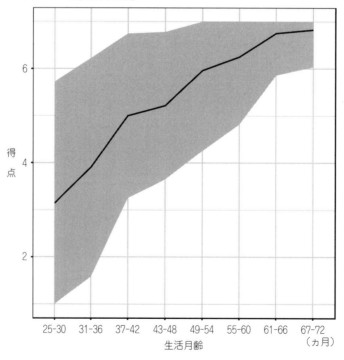

第9章　PWT 描線テストの統計的特徴

図表9−3　月齢段階ごとの課題得点の中央値（グレーの範囲は上位・下位各2.5%の範囲）

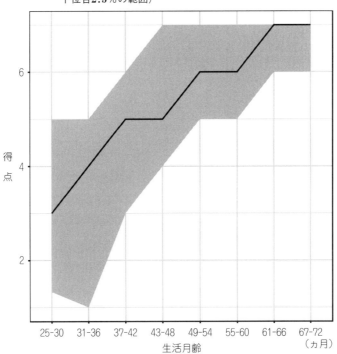

図表9−4　横二点課題の月齢段階ごとの得点変化

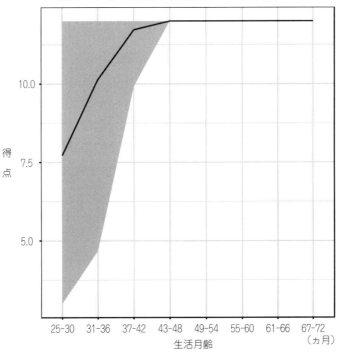

89

第Ⅱ部　PWT 描線テストの手引き

図表 9-5　横線課題の月齢段階ごとの得点変化

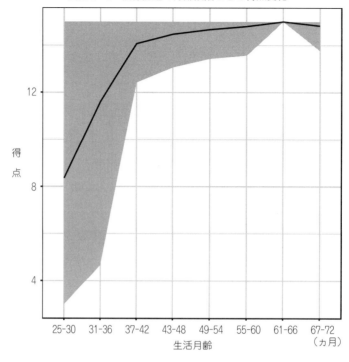

して示してある。

（2）横二点課題

　横二点課題では，3種の課題（10cm, 4cm, 2cm）の評価得点を合計したものを課題得点として用いている。そしてこれらの課題得点の平均値を月齢段階ごとに求めたものが図表 9-4 である。横二点課題では，比較的早い段階で得点の上昇が見られ，48ヵ月までに課題得点が上限で収束していた。

（3）横 線 課 題

　横線課題でも，3種の課題（10cm, 4cm, 2cm）の評価得点を合計したものを課題得点として使用する。横線課題では，37ヵ月ごろまでに急激に課題得点が上昇し，その後なだらかに上昇しながら，60ヵ月ごろに上限に達するという変化が見られた（図表 9-5）。

（4）四角課題

　四角課題では，月齢が増すとともに点数も上昇していくことがわかる。これは，円塗り課題の場合と類似した分布である（図表 9-6）。

第9章 PWT 描線テストの統計的特徴

図表 9-6 四角課題の月齢段階ごとの得点変化

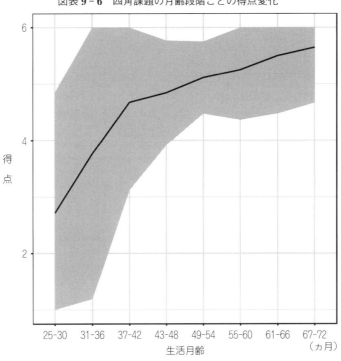

図表 9-7 矩形課題の月齢段階ごとの得点変化

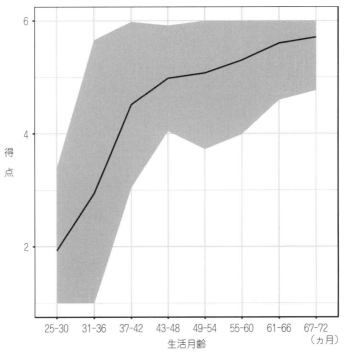

91

図表 9-8 半円課題の月齢段階ごとの得点変化

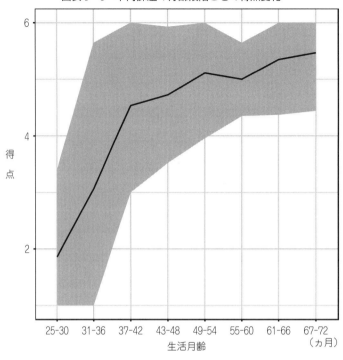

(5) 短形課題

四角課題と同様に月齢が増すとともに点数は上昇した（図表 9-7）。

(6) 半円課題

半円課題の得点分布も，矩形課題や四角課題，円塗り課題と類似したものであった（図表 9-8）。

どの課題得点も月齢の低い段階では月齢が高くなるにつれて得点が大きく上昇するのに対し，月齢が高い段階では得点の変化が緩やかになるという傾向が見られたが，総じて対象児の月齢と課題得点の間には明確な関連性が見られた。

2 課題得点に基づく発達月齢の算出

描線テストの課題得点と対象児の月齢との間に対応関係が見られることから，次に描画テストの課題得点を用いた対象児の発達月齢算出を試みた。

まず，各課題得点から発達月齢を算出する方法として，対象児の月齢を目的変数とし，各課題得点を説明変数とする重回帰モデルを作成することが考えられる。ただし，描線テストの各課題得点では，ほとんどにおいて月齢の低い段階で値が大きく変化し，その後変化が緩やかになるという非線形パターンが見られる。そのため，通常の線形回帰を用いたモデルでは十分な精度が得られない可能性がある。

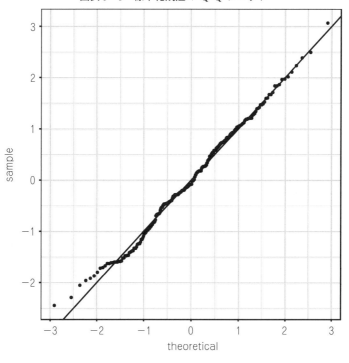

図表 9-9 標準化残差の Q-Q プロット

　そこで，重回帰モデルの作成にあたり，対数リンク関数を使用した一般化線形モデルを使用することにした。なお，横二点課題および縦二点課題では得点が早期に上限に達してしまうため，これら2つの課題得点は除いたうえで，残りの課題得点を説明変数として重回帰モデルを作成した。AIC（赤池情報基準）を基準に変数選択をおこない，最終的に得られた結果が次の回帰式である。

$$\log(発達年齢) = 2.9489 + 0.0953 \times 円塗り - 0.0122 \times 横線 + 0.0615 \times 矩形 \\ + 0.0287 \times 四角 + 0.0280 \times 半円$$

　この回帰式の McFadden の疑似決定係数（調整済 R^2）は 0.702 で，データに対して十分な当てはまりをもつと言える。また，この回帰式による予測値と実測値との標準化残差の正規 Q-Q プロットは図表9-9のようにほぼ直線であり，この回帰式による予測誤差がほぼ正規分布しており，極端な歪みのないことがわかる。

　なお，同じデータに対してリンク関数を使用しない通常の重回帰分析を行った場合は以下の結果となる。

$$月齢 = 14.5356 + 4.0752 \times 円塗り - 0.5461 \times 横線 + 2.8161 \times 矩形 + 1.2431 \times 半円$$

　四角課題の得点が説明変数に含まれない以外は類似した結果となっているが，この回帰式の調整済み R^2 は 0.644 であり，一般化線形モデルで得られた回帰式に比べて低い値である。

　ところで，一般化線形モデルでは対数リンク関数を用いているため，この分析の結

図表9-10 対象児の実際の月齢と回帰式による発達月齢の算出値

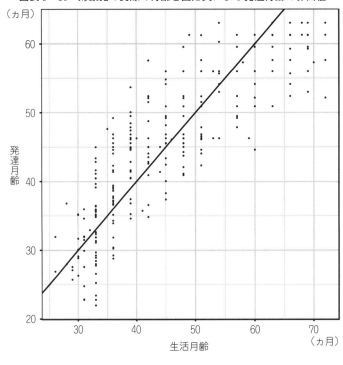

果得られた回帰式により算出されるのは発達月齢そのものではなく，発達月齢の対数値である。そのため，発達月齢を得るには回帰式の予測値をさらに指数変換する必要がある。

　図表9-10は，回帰式で得られた予測値を指数変換して算出した発達月齢を縦軸に，対象児の生活月齢を横軸にとって散布図を作成したものである。

　月齢60ヵ月以上の場合には算出された発達月齢が実際の月齢をやや下回る傾向にあるが，それ未満の月齢においては，非常に高い一致度のあることがわかる。回帰式による発達月齢の算出値と実際の月齢の相関係数は，0.838と非常に高い値であった。

　なお，月齢60ヵ月以上の場合に発達月齢が実際の月齢を下回るのは，月齢60ヵ月以上では課題得点がほぼ頭打ちになることが大きく影響している。実際，すべての課題で満点の場合，得られた回帰式により算出される発達月齢は約63ヵ月で，算出結果がそれ以上になることはない。したがって，描線テストの適用範囲は，一般的に月齢24ヵ月から60ヵ月程度までと言える*。

　　*ここで分析に使用したデータはすべて，発達障害等の診断を受けていない健常児のものである。したがってこの範囲は健常児に対してテストを実施することを想定した場合であり，手指協調運動の発達に遅れがある場合などにはこの限りではない。

　以上のように，一般化線形モデルにより得られた回帰式による発達月齢の算出値は非常に精度の高いものであるが，そのままでは係数に小数点以下の桁が多く含まれて

図表9-11　テストスコアから発達月齢への換算表

テストスコア	27.00~	30.92~	34.69~	38.33~	41.84~	45.23~	48.51~	51.68~	54.76~
発達月齢	25ヵ月	26ヵ月	27ヵ月	28ヵ月	29ヵ月	30ヵ月	31ヵ月	32ヵ月	33ヵ月
テストスコア	57.75~	60.64~	63.46~	66.20~	68.87~	71.47~	74.00~	76.47~	78.88~
発達月齢	34ヵ月	35ヵ月	36ヵ月	37ヵ月	38ヵ月	39ヵ月	40ヵ月	41ヵ月	42ヵ月
テストスコア	81.23~	83.53~	85.78~	87.97~	90.12~	92.23~	94.29~	96.31~	98.29~
発達月齢	43ヵ月	44ヵ月	45ヵ月	46ヵ月	47ヵ月	48ヵ月	49ヵ月	50ヵ月	51ヵ月
テストスコア	100.23~	102.14~	104.01~	105.84~	107.65~	109.42~	111.15~	112.86~	114.54~
発達月齢	52ヵ月	53ヵ月	54ヵ月	55ヵ月	56ヵ月	57ヵ月	58ヵ月	59ヵ月	60ヵ月以上

いることや，発達月齢の算出に指数変換が必要なことなどから，実際のテスト運用場面においてこの回帰式を使用することには困難が伴うであろう。

　そこで，実際の運用にあたっては，係数の取り扱いを容易にするために回帰式全体を100倍し，さらに切片を取り除いた式を使用することにする。したがって，描線テストの各課題得点から発達月齢を算出する場合には，まず以下の式を使用してテストスコアの計算を行う。

$$テストスコア = 9.53 \times 円塗り - 1.22 \times 横線 + 6.15 \times 矩形 + 2.87 \times 四角 + 2.80 \times 半円$$

ここから，図表9-11の換算表を用いて発達月齢を求めることができる。

$$発達月齢 = exp\left(\frac{テストスコア + 294.89}{100}\right)$$

　なお，テストスコアから発達月齢への変換には，図表9-11の換算表を用いても良い。この換算表では，月数の小数点以下の部分は切り捨ててある。

　たとえば，ある検査対象児の課題得点から算出されたテストスコアが90点であった場合，このスコアは90.12より小さく87.97より大きいため，テストスコア「87.97~」に対応する「46ヵ月」がその対象児の発達月齢ということになる。

3　縦断的データによる信頼性・妥当性の検証

　本節では，描線テストを約36ヵ月齢から60ヵ月齢未満の期間にわたり計6回以上縦断的に実施した対象児21名のデータを使用して，描線テストで算出される発達月齢の信頼性・妥当性を検証する。この対象児21名のデータのうち，1回目の実施分は前節における回帰モデルの作成に使用されているが，2回目以降のデータは使用されていない。つまり，2回目以降の実施データから対象児の発達月齢を算出し，その結果が

第Ⅱ部　PWT 描線テストの手引き

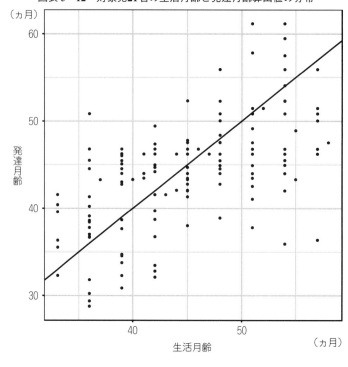

図表9-12　対象児21名の生活月齢と発達月齢算出値の分布

検査時点での月齢と十分な対応関係にあることが確認できれば，描線テストで算出される発達月齢が十分な妥当性をもつと言える。

（1）月齢と発達月齢の全体程関係

まず，対象児21名から得られたデータすべてについて，描線テスト実施時の月齢を横軸に，その際の課題得点から算出した発達月齢を縦軸に取って作成した散布図が図表9-12である。なお，ここで使用した発達月齢は，換算表によるものではなく，テストスコアを指数変換したものであるため，小数点以下の数値も含んだものとなっている。また，図中の直線は，生活月齢と発達月齢が完全に一致する点を結んだものである。

図表9-12より，全体として生活月齢が高くなるほど発達月齢も高くなり，またデータ全体が生活月齢と発達月齢の一致する直線から近い範囲に分布していることがわかる。対象児21名のテスト実施時の月齢と算出された発達月齢の相関係数（r）は0.6であった。

（2）各対象児における発達月齢の縦断的変化

次に，これらのデータを対象児ごとに見てみることにする。図表9-13は，21名の対象児のうち5名分について，各テスト実施時の生活月齢と発達月齢の変化をプロットしたものである。すべての対象児において，発達月齢がテスト実施の各時点ごとに

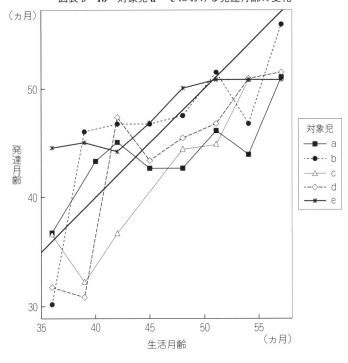

図表 9-13 対象児 a～e における発達月齢の変化

大きく上下したりすることなく比較的安定して変化していること，また生活月齢が増すにつれて発達月齢が上昇していることがわかる。また，どの対象児においても発達月齢が生活月齢とかなり近い範囲に分布していることが見てとれる。

　図表9-14および図表9-15は，図表9-13と同様にそれぞれ別の5名についてテスト実施時の生活月齢と発達月齢の変化をプロットしたものである。いずれの図においても，図表9-13と同様に対象児の生活月齢が増すにつれて発達月齢が上昇していること，また，算出された発達月齢が生活月齢に近い範囲に分布していることがわかる。

　図表9-16は，21名の対象児のうち，発達月齢と生活月齢の対応が良好でなかった3名の結果をプロットしたものである。対象児Pでは42ヵ月から46ヵ月にかけて発達月齢が大きく上昇したのち，51ヵ月以降に大きく下降している。また，対象児Qでは全体としては生活月齢の増加に伴って発達月齢の上昇が見られるが，42ヵ月と51ヵ月におけるテスト結果に大きな下降が見られる。対象児Rは，38ヵ月以降のテスト結果ではどの時点においても発達月齢の算出値が生活月齢より10ヵ月程度低く，全体的にあてはまりが悪い。なお，これら3名の対象児のデータを除外したうえで発達月齢と月齢の相関係数を算出したところ，その値は0.68であった。

　図表9-16のようなあてはまりの悪さが生じる原因には，検査の信頼性・妥当性の問題，テストの実施上の問題（対象児がテストに集中できていない，など），対象児の問題（手先が極度に不器用である，など）など，いくつかの可能性が考えられる。

第Ⅱ部　PWT描線テストの手引き

図表 9-14　対象児 f～i における発達月齢の変化

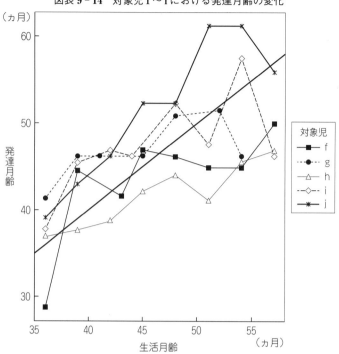

図表 9-15　対象児 k～o における発達月齢の変化

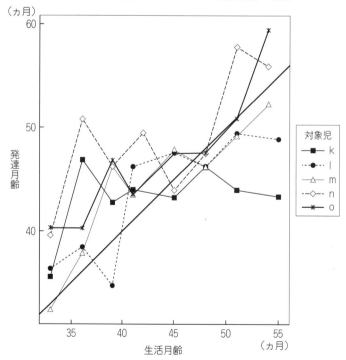

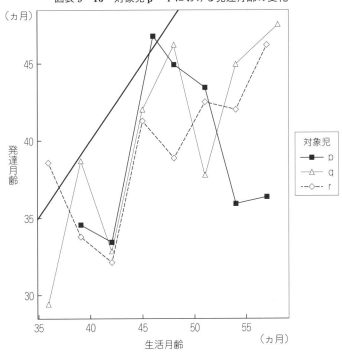

図表9-16　対象児p〜rにおける発達月齢の変化

ただし，これら3名を除く18名の対象児においては発達月齢と生活月齢の間に良好な対応が見られることから，検査の信頼性・妥当性に主な原因があったとは考えにくい。そこで，これら3名の対象児について課題実施時の記録を確認したところ，気分にムラがあり課題への集中が困難である，全体的に発達が遅れ気味であるなど，他の対象児とは異なる状況であったことがわかった。

これらはわずか3例のみであり，ここから確定することはできないが，このことは本検査が手指運動発達のスクリーニング検査としても有効に機能しうることを示すものである。

4　まとめ

以上のように，描線テストの課題得点に基づき算出された発達月齢は，対象児の生活月齢に対応して安定して変化するものであった。このことは，本テストの課題得点，およびそこから算出される発達月齢に十分な信頼性があることを示すものである。

また，課題得点から算出される発達月齢と生活月齢との相関は，モデル作成に使用していないデータの場合にも0.6〜0.7程度と比較的高く，妥当性についても十分であると言ってよいだろう。

なお，本章で示された発達月齢は，以後 PW 発達月齢と呼ぶこととする。

（芝田征司）

第10章　PWT 描線テストの実施方法

1 実施の留意点

（1）ラポールの形成

　描線テストの実施にあたっては，子どもの本来の能力が発揮できるようにいくつかの配慮が必要である。まず，検査者とのラポール形成をおこなうことである。絵を描くことなら，子どもはすぐに指示に応じてくれると大人は思いがちであるが，そうとは限らない。特に，年少の子どもでは，気分が乗らないと描かなかったり，親以外の大人に指示されても，緊張して描けなかったりする。また，年長になっても，自分は絵がへただと思っていると，描いてくれない子どもがいる。そのため，描線テストをする前には，子どもと話したり，遊ぶなど，しっかりと信頼関係を築いてから始めるようにしたい。親が検査者になる場合は，信頼関係ができているが，逆に，子どもに甘えがでたり，リラックスし過ぎることがある。親は，適度の緊張を保ちながら，手引き通りにきちんと進めることが重要である。

（2）手引きに沿って正確におこなう

　本検査は描画課題であるため，通常の保育や療育の延長としてやらせてしまうことがある。適切な場所で，手引きにそった実施方法をしないと，正しい検査結果がでてこない。手引に沿って正確におこなわなければならない。

（3）6課題実施できない場合

　6課題を全部実施するには，最後まであきらめずに，描き続けることが求められる。年少児では，上手く描けないと，途中でやらなくなることもある。そこで，上手に描けなくても，子どもなりに一生懸命取り組んだら，課題が終わるごとに，その努力をほめてあげよう。ここは，子どもの回答に対して称賛をあたえない他の心理検査とは違う点である。

　それでも，年少児や発達障害児は，最後まで実施しないことがある。その場合は，①から始めて，できるところまで順番におこなうとよい。全部実施しなくても，課題別の発達段階や発達範囲が求められるので，その評価だけでも参考になる。

2 対 象 児

　2歳から6歳までの幼児が対象である。利き手は，右手でも左手でもかまわないが，筆記具を持って描けることが検査実施の要件となる。年齢が該当しても筆記具を持って描けない場合は，検査を実施することはできない。その際は，無理して検査をおこなわずに，描けるようになってから実施するとよい。

3 検 査 者

　心理士，作業療法士，言語聴覚士，保育者，保護者など，手引きをよく理解して，正確に検査できる人であれば，検査することができる。

4 検査場所と配置

　個別検査ができる部屋に，机と椅子をおいて，図表10-1のように，検査者と子どもが対面で座る。子どもが描画しやすい姿勢を確保するために，子どもが椅子に座った時に机の高さが子どもの肘の高さになるように椅子の高さを調節する。
　検査場所は，子どもが快適に描画できる場を用意することが必要である。不適切な場所で描くと，不正確な描画になってしまう。気が散らないで落ちついて取り組める部屋がよい。また，部屋の明るさも考慮しよう。明るすぎて眩しくても，暗すぎて見え難くても困る。

5 検 査 用 具

（1）検 査 用 紙
　検査用紙は，本書巻末の付録に掲載されている描画課題を，1課題につき1枚のA4用紙に原寸コピー（100％）して使う。なお，通常のコピー用紙では薄すぎるため，少し厚手の上質紙かケント紙を用いるとよい。画用紙など表面の凹凸がある紙にすると，ペンがスムーズに動かないので表面が滑らかな用紙が適している。
　描線テストは，全部で①から⑥まで6課題あり，1枚の検査用紙に1課題ずつ描かれている。①から順番に，子どもの目の前に，一枚ずつ検査用紙を置いて（図表10-1），子どもに描かせていく。子どもが検査用紙を上下左右動かすあるいは回転させて描かないように，検査用紙を机に固定する（たとえば，はがせるテープで貼るか，大きな画用紙に切り目を入れて，そこに検査用紙の角を入れて固定するなど）。
　なお，描画課題をおこなう前に，子どもが指定されたペンで描くことに慣れるため

図表 10 - 1　検査場面の配置

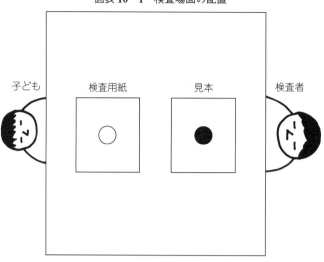

に，練習問題として何も書かれていない白い用紙にお母さんの絵を描かせる。

(2) 使用する画材

　描線テストで使用する画材は，青のカラーペンである。ペンは，紙に描くと線幅2mmになる中太のペン先のものにする。

　描線テストでは，用いる画材が大変重要である。太いクレヨンなどを用いると，きれいに塗れなかったり，すぐに線からはみ出してしまう。また，細すぎるペンを用いると，塗るのに時間がかかりすぎて，子どもが飽きてしまう。また，子どもは，力を入れ過ぎて描くため，ペン先がつぶれていることがあるので，新しいペンを用意する。

　カラーペンの色は，青色である。描画課題が黒線で描かれているので，青で描くと塗りすぎや線のはみ出しの状態がわかりやすい。また，黄色やピングなどあまり薄い色だと見難いので，明度が比較的低くかつ子どもが喜ぶ青色が適している。

6　実施の手順

　最初に，子どもが与えられたペンで描くことに慣れるために，白い紙にお母さん（身近な人ならだれでもよい）の絵を描かせる。これは，ペンに慣れるための練習であるため，何を描いたかなどにはこだわらない。

　その後，①から⑥の順に描画課題を実施する。各課題では，検査者が見本を子どもに見せて，それをペンでなぞりながら，教示する。その見本は，本書巻末の付録に掲載されているので，それを用いるとよい。手本を見せる時は，子どもがそれを見ているかを確かめながら行う。注意散漫にしていたら，名前を呼ぶなどして検査者に注目させてから行う。

第10章 PWT 描線テストの実施方法

　そして，教示後に子どもにペンを渡す。これは，子どもに先にペンを渡すと教示を聞かないで自分で好きなように書き始めるからである。なお，ペンを持つ手は利き手によって，左右どちらでもかまわない。

　円塗り課題において，子どもが途中でペンを紙から離しても，その後続けて塗らせていく。線引き課題では，左から右に，上から下に，あるいは時計回りに，一方向で切れ目なく一筆書きすることを求めているが，子どもが途中でペンを離して線が切れてしまっても，その後そこからやり直してもよい。

　全ての課題で時間制限を設けていない。子どもが終了の意思表示をしたら，あるいはそのしぐさをしたら，課題を終了し，次の課題に移る。

　なお，途中で飽きるなど6課題全部ができない場合は，途中で中止し，実施した課題だけを評価する。後日，6課題全部ができるようになったら，再度実施する。

　検査は，以下の順に進める。

【練習課題】
1) 子どもを椅子に座らせ，白い用紙を子どもの前に置く。
2)「お母さんの絵を描いてください」と教示する。
3) ペンを子どもに渡して，自由に描かせる。
＊この練習課題は，子どもが与えらえたペンに慣れるために行うものである。お母さんでなくても，お父さんやおばあちゃんなど，子どもが描きたい人でよい。また，人の絵が描けない子どもは，何を描いてもよい。

【描画課題】
① 円塗り課題
　1）①円塗り課題の検査用紙を子どもの前に置く。
　2）塗りつぶされた円の見本を見せ，見本の上を蓋したペンで塗るしぐさを見せながら，「丸の中をこのようにきれいに塗ってください。終わったら教えてください。」と教示する。
　3）ペンを子どもに渡して，円を塗らせる。子どもが終了の意思表示をしたら，終了する。
② 横二点課題
　4）終了した検査用紙とペンを片づけ，次に，②横二点課題の検査用紙を子どもの前に置く。
　5）二点を繋いだ見本を見せ，見本の上を蓋したペンで左から右に向かって線を引くしぐさを見せながら，「パンダとパンダの間を線で繋いでください。次に，うさぎとうさぎの間，次に，ライオンとライオンの間を線で繋いでください。」と教示

103

第Ⅱ部　PWT 描線テストの手引き

する。

　6）ペンを子どもに渡して，線で繋がせる。

③ 横 線 課 題

　7）終了した検査用紙とペンを片づけ，次に，③横線課題の検査用紙を子どもの前に置く。

　8）横線間に線を引いた見本を見せ，見本の上を蓋したペンで左から右に向かって線を引くしぐさを見せながら，「車から家まで，道路からはみ出さないように線を引いてください。（中段4cmと下段2cmの課題を順に指しながら）これとこれもはみ出さないように線を引いてください。」と教示する。

　9）ペンを子どもに渡して，線を引かせる。

④ 四 角 課 題

　10）終了した検査用紙とペンを片づけ，次に④四角課題の検査用紙を子どもの前に置く。

　11）四角線間に線を引いた見本を見せ，見本の上を蓋したペンで時計周りに一周して線を引くしぐさを見せながら，「自動車からぐるっと回って自動車まで，道路からはみ出さないように線を引いてください。」と教示する。

　12）ペンを子どもに渡して，線を引かせる。

⑤ 矩 形 課 題

　13）終了した検査用紙とペンを片づけ，次に⑤矩形課題の検査用紙を子どもの前に置く。

　14）連続矩形の線間に線を引いた見本を見せ，見本の上を蓋したペンで左から右に線を引くしぐさを見せながら，「自動車から家まで，道路からはみ出さないように線を引いてください。」と教示する。

　15）ペンを子どもに渡して，線を引かせる。

⑥ 半 円 課 題

　16）終了した検査用紙とペンを片づけ，次に⑥半円課題の検査用紙を子どもの前に置く。

　17）連続半円の線間に線を引いた見本を見せ，見本の上を蓋したペンで左から右に線を引くしぐさを見せながら，「自動車から家まで，道路からはみ出さないように線を引いてください。」と教示する。

　18）ペンを子どもに渡して，線を引かせる。

第11章　PWT 描線テストの評価方法

　描線テストは，課題別に調べる「発達段階と発達範囲」と全体の結果から算出される「PW 発達年齢と PW 発達領域」から評価する。

　以下では，最初に課題別の「発達段階と発達範囲」を述べる。すでに，第7章で発達段階の分類をしたので（図表7-4参照），その分類に沿って課題別に発達段階の評定を行い，発達段階の得点から課題別発達範囲を調べるものである。次に，「PW 発達年齢と PW 発達領域」を述べる。これは，対象児の発達状態を表す PW 発達年齢を算出し，PW 発達年齢の発達領域を評価するものである。

1　課題別の発達段階と発達範囲

（1）円塗り課題

1）発達段階の評価

　円塗り課題では，円が塗れるか否か，円が塗れる場合はどの程度きれいに塗れるかの規準で円塗り段階を7つに分類した（図表7-4①参照）。1段階〜4段階は，まだ円が塗れない段階であり，5段階は，円を塗ることができる段階である。そして，5段階は，塗り残し面積と塗りすぎ面積によってさらに5-1段階，5-2段階，5-3段階に分類した。しかし，塗り残しと塗りすぎの面積を求めるためには，パソコンがないと求めることができない。そこで，5-1段階，5-2段階，5-3段階の円塗りあがり

図表11-1　円塗り課題の評価表

円塗り段階	得点	描　画　内　容
1段階	1点	紙全体や課題の上を大きくなぐり描き
2段階	2点	円の中に点や丸などの印をつける（マーキング）
3段階	3点	円の上を大きい多重の円や線で描く
4段階	4点	円の中に小さい多重の円や線などを描く
5-1段階	5点	円を塗る－塗り残し・塗りすぎが大変多い （塗り残し面積と塗りすぎ面積が円面積の1/8以上）
5-2段階	6点	円を塗る－塗り残し・塗りすぎがあるが，大体塗れている （塗り残し面積と塗りすぎ面積が円面積の1/16〜1/8未満）
5-3段階	7点	円を塗る－塗り残し・塗りすぎがほとんどなく，きれいに塗れている （塗り残し面積と塗りすぎ面積が円面積の1/16未満）

105

第Ⅱ部　PWT 描線テストの手引き

図表 11 - 2　円塗り課題における円塗り段階の例

1段階	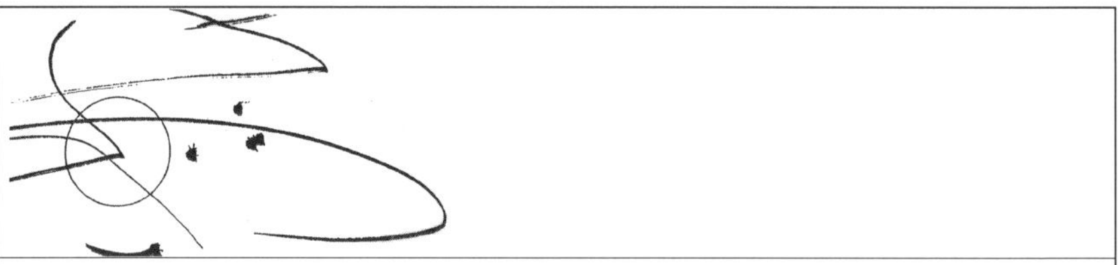
2段階	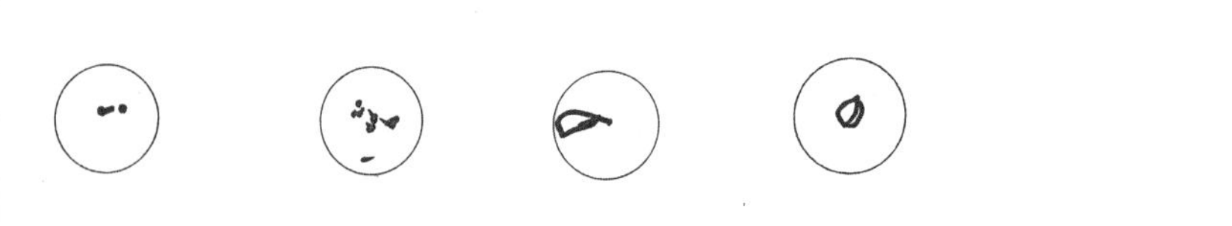
3段階	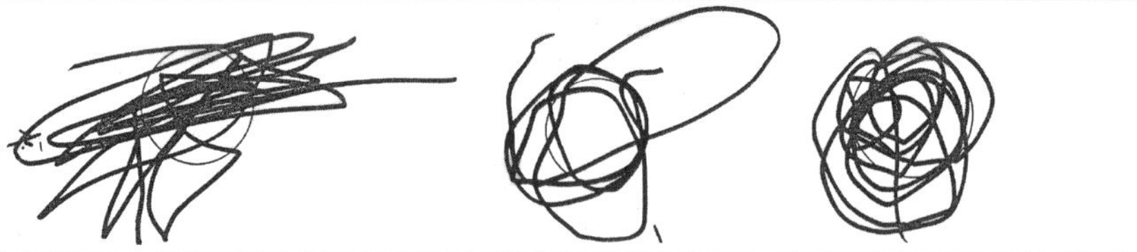
4段階	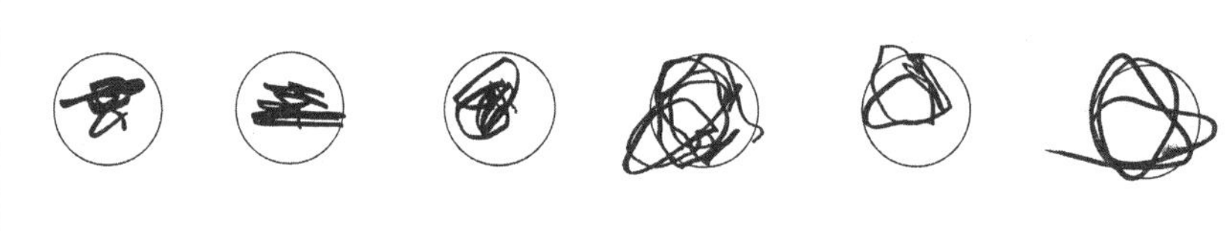
5 - 1段階	
5 - 2段階	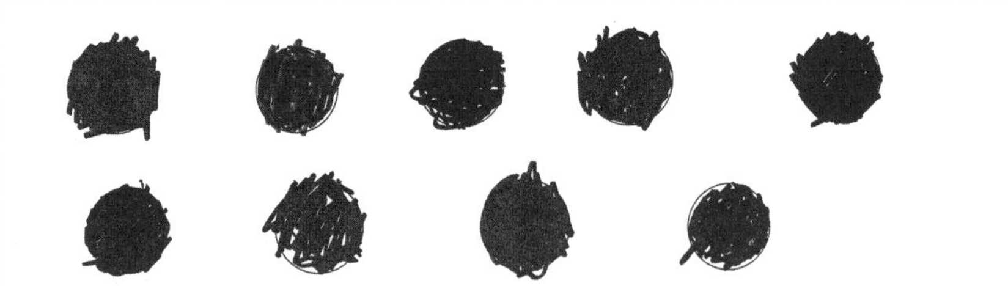
5 - 3段階	

状態の例を図表 11 - 2 に示すので，これを参照して円塗り段階を判断する。

　図表 11 - 2 に描かれている例は，パソコンで円塗り作品を取り込んで面積を算出することによって，段階を判定したものである。すなわち，5 - 1 段階は塗り残し面積と塗りすぎ面積がともに円面積の 1/8（88.51mm^2）以上，5 - 2 段階は塗り残し面積

図表 11 - 3　円塗り課題における得点による発達範囲の評価表

生活月齢	25～30ヵ月			31～36ヵ月			37～42ヵ月			43～48ヵ月		
発達範囲	遅い	平均的	早い	遅い	平均的	早い	遅い	平均的	早い	遅い	平均的	早い
得点	1	2～4	5～7	1～2	3～5	6～7	1～3	4～6	7	1～3	4～6	7
生活月齢	49～54ヵ月			55～60ヵ月			61～66ヵ月			67～72ヵ月		
発達範囲	遅い	平均的	早い	遅い	平均的	早い	遅い	平均的	早い	遅い	平均的	早い
得点	1～4	5～7	/	1～4	5～7	/	1～6	7	/	1～6	7	/

と塗りすぎ面積がともに円面積の 1/16 (44.26mm²) 以上で 1/8 (88.51mm²) 未満,
5 - 3 段階は塗り残し面積と塗りすぎ面積がともに円面積の 1/16 (44.26mm²) 未満である。円塗り段階とその描画内容を図表 11 - 1 に示す。なお, 実際の対象児の円塗り段階は, 図表 11 - 2 を参考に評定するとよい。

2) 課題別発達範囲の評価

図表 11 - 3 は, 図表 11 - 1 で求めた円塗り段階の得点が, 対象児の生活月齢において「平均的」「遅い」「早い」の何れの発達範囲に相当するかを示している。

対象児の円塗り段階の得点が「平均的」範囲に入っていれば, 対象児の描線動作は標準であることを示している。「早い」範囲に入っていれば, 対象児の描線動作の発達は標準よりも早いことを示しているが, 「遅い」範囲に入っている時には, 対象児の描線動作の発達は標準よりも遅いことを示している。たとえば, 38ヵ月齢児の円塗り段階の得点が 2 点である場合は, その子どもの発達範囲は「遅い」範囲である。

ただし, 1 つの課題だけで対象児の発達状態を判断せずに, 最終的には, 必ず 5 課題から算出される PW 発達領域によって評価する。

(2) 横二点課題

1) 発達段階の評価

横二点課題では, 点と点を線でつなぐことができるか否かを基準に, 点つなぎ段階を 4 段階に分類した (図表 7 - 4 ②参照)。1 段階, 2 段階, 3 段階は二点を線でつなげられない段階であり, 4 段階は二点を線でつなぐことができる段階である。

点つなぎ段階とその描画内容を図表11- 4 に示す。点つなぎ段階は, 図表11- 4 をもとに評定するとともに, 点つなぎ段階の描画例を図表11- 5 に示すので, 実際には, これを参考に判断するとよい。横二点課題には, 全長 10cm, 4 cm, 2 cm の 3 種があるが, 何れも同じ基準で評定し, 3 種の合計点を算出する。

第Ⅱ部　PWT 描線テストの手引き

図表 11 - 4　横二点課題の評価表

点つなぎ段階	得点	描 画 内 容
1 段階	1 点	紙全体や課題の上を大きくなぐり描き
2 段階	2 点	動物の上を塗ったり，線で印をつける（マーキング）
3 段階	3 点	二点の間に不正確な線を引くだけで，点と点を線でつながない
4 段階	4 点	点と点を線でつなぐ

図表 11 - 5　横二点課題における点つなぎ段階の例

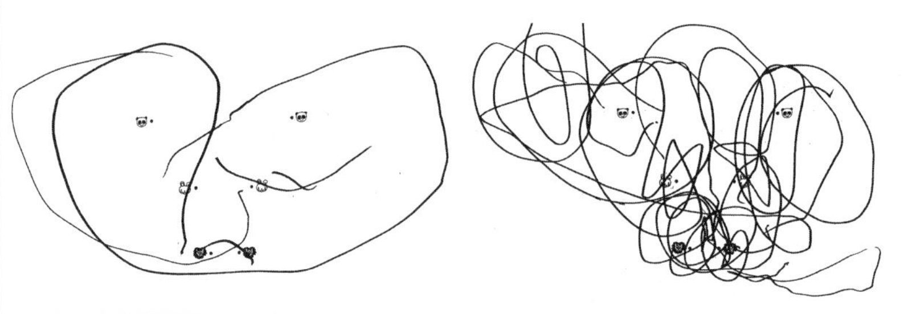

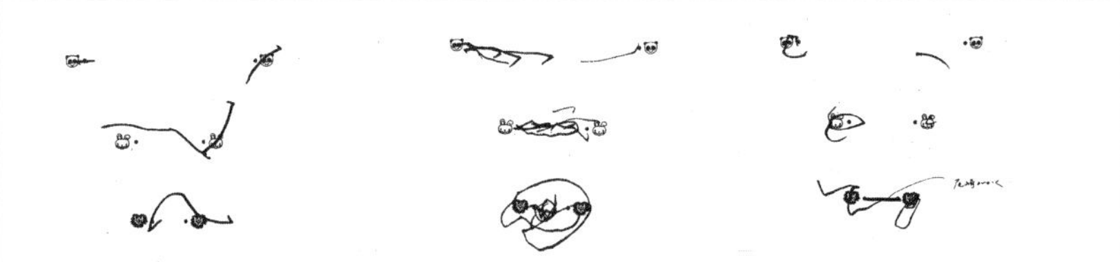

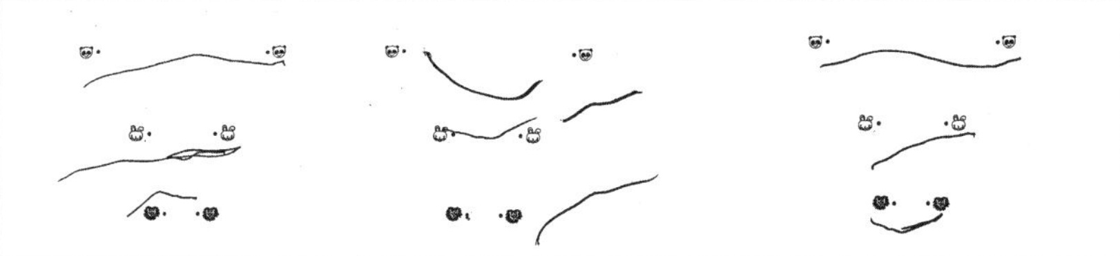

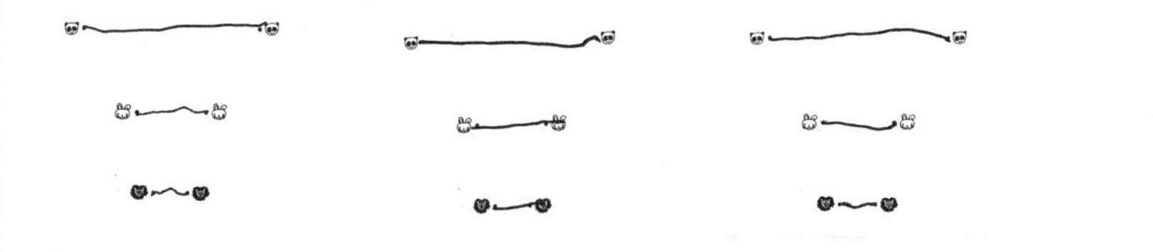

2）課題別発達範囲の評価

　図表 11 - 6 は，図表 11 - 4 で求めた点つなぎ段階の 3 種（10cm，4 cm，2 cm）の合計点が，対象児の生活月齢において「平均的」「遅い」「早い」の何れの発達範囲に相当するかを示している。

　対象児の点つなぎ段階の合計点が「平均的」範囲に入っていれば，対象児の描線動作は標準であることを示している。「早い」範囲に入っていれば，対象児の描線動作の発達は標準よりも早いことを示しているが，「遅い」範囲に入っている時には，対象児の描線動作の発達は標準よりも遅いことを示している。たとえば，55ヵ月児の点つなぎ段階の合計点が12点である場合は，その子どもの発達範囲は「平均的」である。

第11章　PWT 描線テストの評価方法

図表 11 - 6　横二点課題における得点による発達範囲の評価表

生活月齢	25～30ヵ月			31～36ヵ月			37～42ヵ月			43～48ヵ月		
発達範囲	遅い	平均的	早い	遅い	平均的	早い	遅い	平均的	早い	遅い	平均的	早い
合計得点	1～4	5～11	12	1～6	7～12	/	1～10	11～12	/	1～11	12	/
生活月齢	49～54ヵ月			55～60ヵ月			61～66ヵ月			67～72ヵ月		
発達範囲	遅い	平均的	早い	遅い	平均的	早い	遅い	平均的	早い	遅い	平均的	早い
合計得点	1～11	12	/	1～11	12	/	1～11	12	/	1～11	12	/

　ただし，1つの課題だけで対象児の発達状態を判断せずに，最終的には，必ず5課題から算出される PW 発達領域によって評価する。

（3）横 線 課 題

1）発達段階の評価

　横線課題では，7 mm 幅の二本の横線が描かれており，二本線の間に線を引くことができるか否か，線が引ける場合は二本線からはみ出さずに線が引けるか否かを規準に線引き段階を分類した。1段階，2段階，3段階は二本線の間に線を引けない段階であり，4段階は線を引くことができる段階である（図表7-4③参照）。

　線引き段階とその描画内容を図表11-7に示す。対象児の線引き段階は，図表11-7をもとに評定するとともに，線引き段階の描画例を図表11-8に示すので，実際には，これを参照して判断するとよい。横線課題には，全長10cm，4 cm，2 cm の3種があるが，何れも同じ基準で評定し，3種の合計点を算出する。

2）課題別発達範囲の評価

　図表11-9は，図表11-7で求めた線引き段階の3種（10cm，4 cm，2 cm）の合計点が，対象児の生活月齢において「平均的」「遅い」「早い」の何れの発達範囲に相当するかを示している。対象児の線引き段階の合計点が「平均的」範囲に入っていれば，対象児の描線動作は標準であることを示している。「早い」範囲に入っていれば，対象児の描線動作の発達は標準よりも早いことを示しているが，「遅い」範囲に入っている時には，対象児の描線動作の発達は標準よりも遅いことを示している。たとえば，38ヵ月児の点つなぎ段階の合計点が12点である場合は，その子どもの発達範囲は「遅い」範囲である。

　ただし，1つの課題だけで対象児の発達状態を判断せずに，最終的には，必ず5課題から算出される PW 発達領域によって評価する。

図表 11-7　横線課題の評価表

線引き段階	得点	描画内容
1段階	1点	紙全体や課題の上を大きくなぐり描き
2段階	2点	車，家，横線の上を塗ったり，線を引いてマーキング
3段階	3点	不正確な線引き（二本線を無視して車から家へと線を引く，車の始点と家の終点を無視して線を引く，二本線の間に何本かの線を引くなど）
4-1段階	4点	二本線間に線を引く‐はみ出しあり
4-2段階	5点	二本線間に線を引く‐はみ出しなし

図表 11-8　横線課題における線引き段階の例

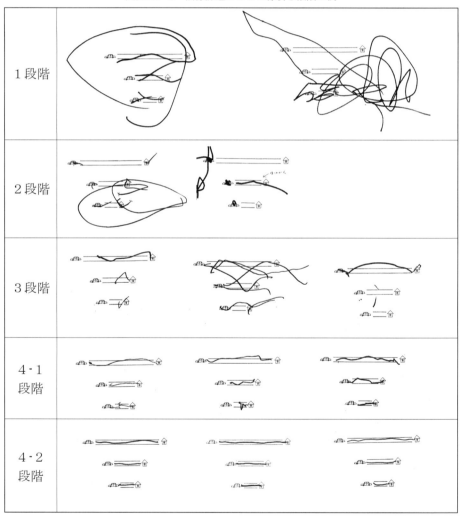

第11章　PWT 描線テストの評価方法

図表 11 - 9　横線課題における得点による発達範囲の評価表

生活月齢	25～30ヵ月			31～36ヵ月			37～42ヵ月			43～48ヵ月		
発達範囲	遅い	平均的	早い	遅い	平均的	早い	遅い	平均的	早い	遅い	平均的	早い
合計得点	1～3	4～12	13～15	1～8	9～15	/	1～12	13～15	/	1～12	13～15	/
生活月齢	49～54ヵ月			55～60ヵ月			61～66ヵ月			67～72ヵ月		
発達範囲	遅い	平均的	早い	遅い	平均的	早い	遅い	平均的	早い	遅い	平均的	早い
合計得点	1～13	14～15	/	1～13	14～15	/	1～13	14～15	/	1～13	14～15	/

（4）四 角 課 題

1）発達段階の評価

　四角課題では，7mm幅の二本線で四角形が描かれており，二本線の間に線を引くことできるか否か，線が引ける場合は二本線からはみ出さずに線が引けるか否かを規準に線引き段階を分類した。1段階，2段階，3段階は二本線の間に線を引けない段階であり，4段階は線を引くことができる段階である（図表7-4④参照）。

　線引き段階とその描画内容を図表11-10に示す。対象児の線引き段階は，図表11-10をもとに評定する。ただし，4段階は，次頁に示す「はみ出し得点の算出方法」ではみ出し点数を算出し，その点数によって3つに下位分類する。線引き段階は，図表11-10とともに図表11-11を参考に判断するとよい。

図表 11 - 10　四角課題の評価表

線引き段階	得点	描　画　内　容
1段階	1点	紙全体や課題の上を大きくなぐり描き
2段階	2点	車，家，四角形の上を塗ったり，線を引いてマーキング
3段階	3点	不正確な線引き（二本線を無視して車から一周する線を描く，二本線の間に途切れ途切れに線を描く，二本線の間に重ねて何本かの線を引くなど）
4-1段階	4点	二本線間に線を引く－はみ出しが多い（はみ出し点数12点以上）
4-2段階	5点	二本線間に線を引く－はみ出しが少しある（はみ出し点数1～11点）
4-3段階	6点	二本線間に線を引く－はみ出しなし（はみ出し点数0点）

※はみだし点数の算出方法

　四角課題の4段階の場合は，はみ出し点数を計算する。四角形の二本線からはみ出しがある場合には，はみ出しが1cm未満を1点，1cm以上～2cm未満を2点，2cm以上～3cm未満を3点というようにはみ出しの長さに応じて点数をあたえる。そして，はみ出した回数分のすべての点数を合計し，はみ出し点数とする。

　はみ出し点数によって，4段階の3つの下位段階を決める。はみ出し点数が，課題図形の全長（二本線中央の全長）の1/3以上の場合が4-1段階，1/3未満の場合が4-2段階，そして，はみ出しがない場合が4-3段階である。四角課題では，はみ出し点数12点以上が4-1段階，1～11点が4-2段階，0点が4-3段階となる。

　実際には，計算しやすいように下表が用意されている。二本線からはみ出した長さとその回数を数え，はみ出し長さに該当する表欄の（　　）に回数を記入する。下表には，はみ出し長さの欄が「4cm以上～5cm未満」までしか書かれていない。これ以上長いはみ出しがあった場合は，自分で空欄に記入して計算する。

　たとえば，下の四角課題は，4歳5ヵ月（53ヵ月）のS児が描いたものである。四角形の二本線からはみ出した箇所を○で示す。はみ出した長さの下表の欄の（　　）の中に回数を記入し，長さに相当する点数と回数の積算値を合計した。計算式は，1点×3回＋2点×2回＋3点×1回＋5点×1回であり，S児のはみ出し点数は15点である。これは，前頁の発達段階では，4-1段階に相当する。

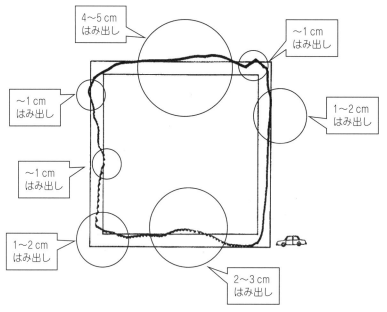

図表 11 – 11　四角課題における線引き段階の例

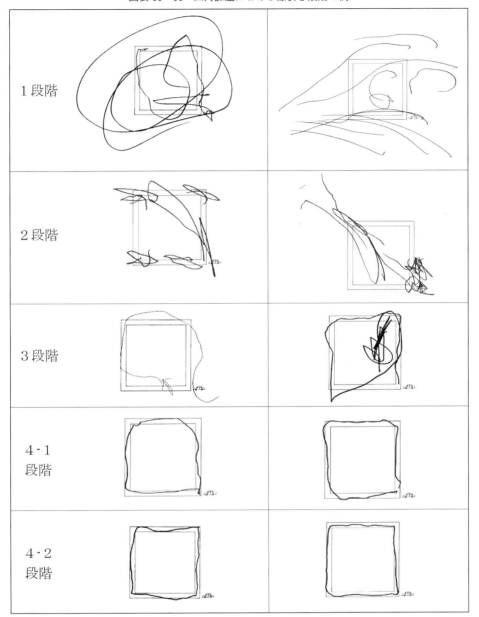

2）課題別発達範囲の評価

　図表 11 – 12 は，図表 11 – 10 で求めた線引き段階の得点が，対象児の生活月齢において「平均的」「遅い」「早い」の何れの発達範囲に相当するかを示している。対象児の線引き段階の得点が「平均的」範囲に入っていれば，対象児の描線動作は標準であることを示している。「早い」範囲に入っていれば，対象児の描線動作の発達は標準よりも早いことを示しているが，「遅い」範囲に入っている時には，対象児の描線動作の発達は標準よりも遅いことを示している。

第Ⅱ部　PWT描線テストの手引き

図表11-12　四角課題における得点による発達範囲の評価表

生活月齢	25~30ヵ月			31~36ヵ月			37~42ヵ月			43~48ヵ月		
発達範囲	遅い	平均的	早い	遅い	平均的	早い	遅い	平均的	早い	遅い	平均的	早い
得点	1	2~4	5~6	1~2	3~5	6	1~3	4~6		1~3	4~6	
生活月齢	49~54ヵ月			55~60ヵ月			61~66ヵ月			67~72ヵ月		
発達範囲	遅い	平均的	早い	遅い	平均的	早い	遅い	平均的	早い	遅い	平均的	早い
得点	1~3	4~6		1~3	4~6		1~4	5~6		1~5	6	

　たとえば，前頁の53ヵ月齢のＳ児の場合，線引き段階が4-1段階であり，得点は4点であるので，Ｓ児の発達範囲は「平均的」範囲である。

　ただし，1つの課題だけで対象児の発達状態を判断せずに，最終的には，必ず5課題から算出されるPW発達領域によって評価する。

（5）矩形課題

1）発達段階の評価

　矩形課題では，7mm幅の二本線で四角形が描かれており，二本線の間に線を引くことできるか否か，線を引ける場合は二本線からはみ出さずに線を引けるか否かを規準に線引き段階を分類した。1段階，2段階，3段階は二本線の間に線が引けない段階であり，4段階は線を引くことができる段階である（図表7-4⑤参照）。

　線引き段階とその描画内容を図表11-13に示す。対象児の線引き段階は，図表11-13をもとに評定する。ただし，4段階は，次頁に示す「はみ出し点数の算出方法」ではみ出し点数を算出し，その点数によって3つに下位分類する。線引き段階は，図表11-13とともに図表11-14を参考に判断するとよい。

図表11-13　矩形課題の評価表

線引き段階	得点	描画内容
1段階	1点	紙全体や課題の上を大きくなぐり描き
2段階	2点	車，家，矩形の上を塗ったり，線を引いてマーキング
3段階	3点	不正確な線引き（二本線を無視して車から家へ線を引く，二本線の間に途切れ途切れに線を引く，二本線の間に重ねて何本かの線を引く，ギザギザ線で描くなど）
4-1段階	4点	二本線間に線を引く-はみ出しが多い（はみ出し点数8点以上）
4-2段階	5点	二本線間に線を引く-はみ出しが少しある（はみ出し点数1~7点）
4-3段階	6点	二本線間に線を引く-はみ出しなし（はみ出し点数0点）

※はみだし点数の算出方法

　短形課題4段階の場合は，はみ出し点数を計算する。矩形の二本線からはみ出しがある場合には，はみ出しが1cm未満を1点，1cm以上～2cm未満を2点，2cm以上～3cm未満を3点というようにはみ出しの長さに応じて点数をあたえる。そして，はみ出した回数分のすべての点数を合計し，はみ出し点数とする。

　はみ出し点数によって，4段階の3つの下位段階を決める。はみ出し点数が，課題図形の全長（二本線中央の全長）の1/3以上の場合が4-1段階，1/3未満の場合が4-2段階，そして，はみ出しがない場合が4-3段階である。矩形課題では，はみ出し点数8点以上が4-1段階，1～7点が4-2段階，0点が4-3段階となる。

　実際には，計算しやすいように，検査用紙の各描画課題の評価の頁の下に表が用意されている。二本線からはみ出した長さとその回数を数え，はみ出し長さに該当する表欄の（　）に回数を記入する。下表には，はみ出し長さの欄が「4cm以上～5cm未満」までしか書かれていない。これ以上長いはみ出しがあった場合は，自分で空欄に記入して計算する。なお，半円課題の4段階についても同じ要領で行う。

　たとえば，下の矩形課題は，48ヵ月齢のT児が描いたものである。矩形の二本線からはみ出した箇所を○で示す。はみ出した長さの下表の欄の（　）の中に回数を記入し，長さに相当する点数と回数の積算値を合計した。計算式は，1点×4回＋2点×4回であり，T児のはみ出し点数は12点である。これは，前頁の発達段階では，4-1段階に相当する。

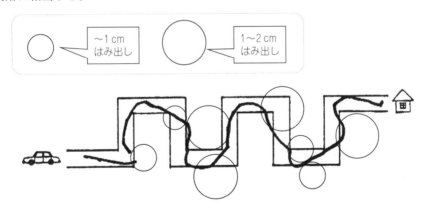

はみ出し長さ	～1cm未満	1cm～2cm未満	2cm～3cm未満	3cm～4cm未満	4cm～5cm未満	（　）cm未満	はみ出し点数（合計点）
点数計算	1点×(4)	2点×(4)	3点×(0)	4点×(0)	5点×(0)	(　)点×(　)	12点

第Ⅱ部　PWT 描線テストの手引き

図表 11‑14　矩形課題のおける線引き段階の例

1 段階	
2 段階	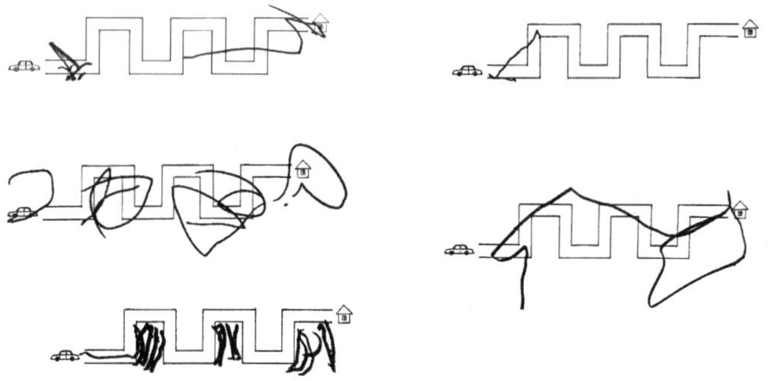
3 段階	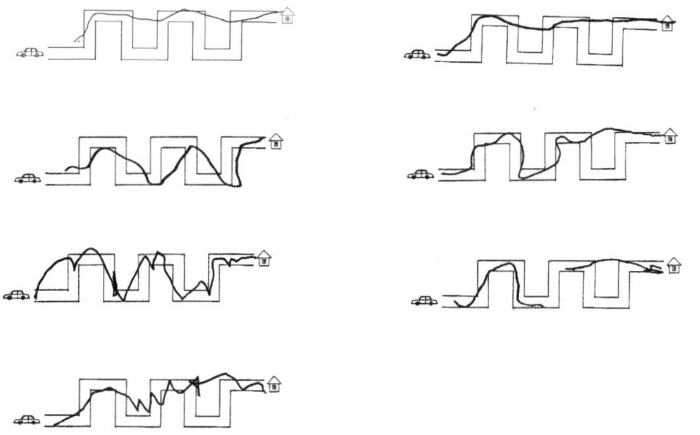
4‑1 段階	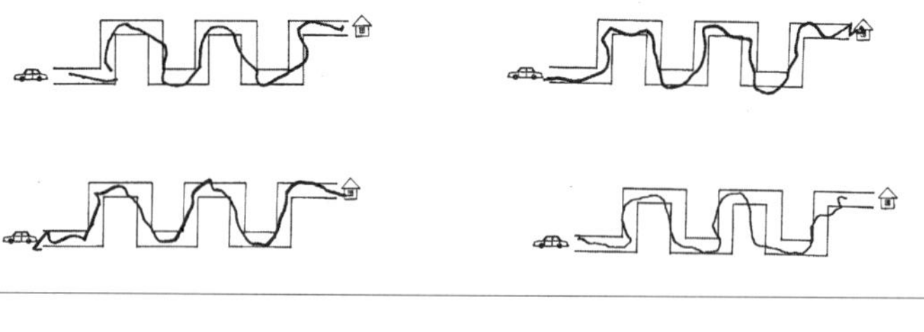
4‑2 段階	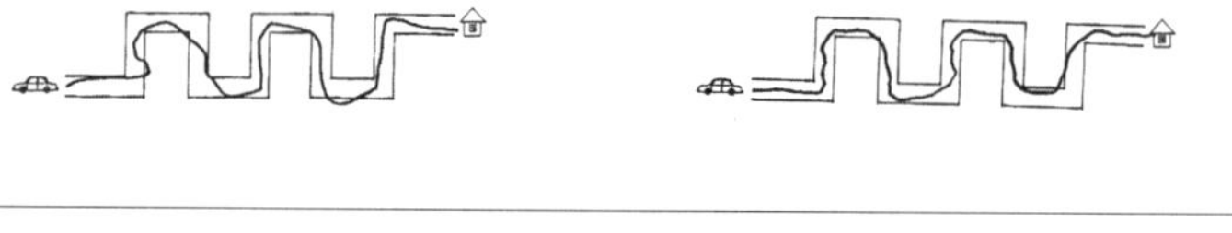
4‑3 段階	

＊1段階は，例が描かれてないが，なぐり描きの段階である。

116

図表 11 - 15　短形課題における得点による発達範囲の評価表

生活月齢	25～30ヵ月			31～36ヵ月			37～42ヵ月			43～48ヵ月		
発達範囲	遅い	平均的	早い	遅い	平均的	早い	遅い	平均的	早い	遅い	平均的	早い
得点		1～3	4～6	1	2～4	5～6	1～3	4～6		1～3	4～6	
生活月齢	49～54ヵ月			55～60ヵ月			61～66ヵ月			67～72ヵ月		
発達範囲	遅い	平均的	早い	遅い	平均的	早い	遅い	平均的	早い	遅い	平均的	早い
得点	1～3	4～6		1～3	4～6		1～4	5～6		1～5	6	

2) 課題別発達範囲の評価

　図表11 - 15 は，図表11 - 13で求めた線引き段階の得点が，対象児の生活月齢において「平均的」「遅い」「早い」の何れの発達範囲に相当するかを示している。対象児の線引き段階の得点が「平均的」範囲に入っていれば，対象児の描線動作は標準であることを示している。「早い」範囲に入っていれば，対象児の描線動作の発達は標準よりも早いことを示しているが，「遅い」範囲に入っている時には，対象児の描線動作の発達は標準よりも遅いことを示している。

　たとえば，前頁の48ヵ月齢のT児の場合，線引き段階が4 - 1 段階であり，得点は4点であるので，T児の発達範囲は「平均的」範囲である。

　ただし，1つの課題だけで対象児の発達状態を判断せずに，最終的には，必ず5課題から算出される PW 発達領域によって評価する。

（6）半 円 課 題

図表 11 - 16　半円課題の評価表

線引き段階	得点	描 画 内 容
1 段階	1 点	紙全体や課題の上を大きくなぐり描き
2 段階	2 点	車，家，半円形の上を塗ったり，線を引いてマーキング
3 段階	3 点	不正確な線引き （二本線を無視し車から家へ線を引く，二本線の間に途切れ途切れに線を引く，二本線間に重ねて何本かの線を引く，ギザギザ線で描く等）
4 - 1 段階	4 点	二本線間に線を引く - はみ出しが多い （はみ出し点数 7 点以上）
4 - 2 段階	5 点	二本線間に線を引く - はみ出しが少しある （はみ出し点数 1～6 点）
4 - 3 段階	6 点	二本線間に線を引く - はみ出しなし （はみ出し点数 0 点）

第Ⅱ部　PWT 描線テストの手引き

図表 11 - 17　半円課題における線引き段階の例

1 段階	
2 段階	
3 段階	
4 - 1 段階	
4 - 2 段階	
4 - 3 段階	

＊1段階は，例が描かれていないが，なぐり描きの段階である。

118

1）発達段階の評価

　半円課題では，7mm幅の二本線で四角形が描かれており，二本線の間に線を引くことできるか否か，線を引ける場合は二本線からはみ出さずに線を引けるか否かを規準に線引き段階を分類した。1段階，2段階，3段階は二本線の間に線を引けない段階であり，4段階は線を引くことができる段階である（図表7-4⑥参照）。

　線引き段階とその描画内容を図表11-16に示す。対象児の線引き段階は，図表11-16と図表11-17を参考に評定する。ただし，4段階は，はみ出し点数を算出し，その点数によって3つに下位分類する。はみ出し点数の算出方法は，⑤矩形課題の「はみだし点数の算出方法」（P115）と同じである。

2）課題別発達範囲の評価

　図表11-18は，図表11-16で求めた線引き段階の得点が，対象児の生活月齢において「平均的」「遅い」「早い」の何れの発達範囲に相当するかを示している。対象児の線引き段階の得点が「平均的」範囲に入っていれば，対象児の描線動作は標準であることを示している。「早い」範囲に入っていれば，対象児の描線動作の発達は標準よりも早いことを示しているが，「遅い」範囲に入っている時には，対象児の描線動作の発達は標準よりも遅いことを示している。

　たとえば，66ヵ月齢児の線引き段階が3段階（得点は3点）であった場合，発達範囲は「遅い」範囲である。

　ただし，1つの課題だけで対象児の発達状態を判断せずに，最終的には，必ず5課題から算出されるPW発達領域によって評価する。

図表11-18　半円課題における得点による発達範囲の評価表

生活月齢	25～30ヵ月			31～36ヵ月			37～42ヵ月			43～48ヵ月		
発達範囲	遅い	平均的	早い	遅い	平均的	早い	遅い	平均的	早い	遅い	平均的	早い
得点		1～3	4～6	1	2～4	5～6	1～3	4～6		1～3	4～6	
生活月齢	49～54ヵ月			55～60ヵ月			61～66ヵ月			67～72ヵ月		
発達範囲	遅い	平均的	早い	遅い	平均的	早い	遅い	平均的	早い	遅い	平均的	早い
得点	1～3	4～6		1～3	4～6		1～3	4～6		1～3	4～6	

第Ⅱ部　PWT 描線テストの手引き

2　PW 発達年齢と PW 発達領域の評価

　描線テストの最終評価として，これまでに評定した発達段階の得点を用いて，Pre-Writing（PW）発達年齢（以下，PW 発達年齢）と PW 発達領域を求める。以下に手順を示す。

（1）テストスコアを求める

　下記の計算式に各課題の得点を入れて，テストスコアを計算する。なお，横線課題は 10cm，4 cm，2 cm の合計点を入れる。

テストスコア ＝ 円塗り得点×9.53 － 横線合計得点×1.22 ＋ 四角得点×2.87

　　　　　　　＋ 短形得点×6.15 ＋ 半円得点×2.80

※テストスコアの例

　たとえば，4 歳 5 ヵ月（53ヵ月）の A 児の描画課題の得点（図表12-2）からテストスコアを算出すると，下表のようになる。

課題	得点	×係数	＝（掛け算の値）
① 円塗り課題	6 点	×9.53	＝ A（　57.18　）
② 横二点課題			
③ 横線課題	合計15点	×1.22	＝ B（　18.3　）
④ 四角課題	4 点	×2.87	＝ C（　11.48　）
⑤ 矩形課題	5 点	×6.15	＝ D（　30.75　）
⑥ 半円課題	5 点	×2.80	＝ E（　14.0　）
テストスコア	A － B ＋ C ＋ D ＋ E ＝（　95.11　）		

（2）テストスコアから PW 発達年齢を求める

　図表 11‐19 のテストスコアに該当する発達年齢が，対象児の PW 発達年齢となる。

第11章　PWT 描線テストの評価方法

図表 11 - 19　テストスコアから PW 発達月齢への換算表

テストスコア	27.00～	30.92～	34.69～	38.33～	41.84～	45.23～	48.51～	51.68～	54.76～
PW 発達月齢	25ヵ月	26ヵ月	27ヵ月	28ヵ月	29ヵ月	30ヵ月	31ヵ月	32ヵ月	33ヵ月

テストスコア	57.75～	60.64～	63.46～	66.20～	68.87～	71.47～	74.00～	76.47～	78.88～
PW 発達月齢	34ヵ月	35ヵ月	36ヵ月	37ヵ月	38ヵ月	39ヵ月	40ヵ月	41ヵ月	42ヵ月

テストスコア	81.23～	83.53～	85.78～	87.97～	90.12～	92.23～	94.29～	96.31～	98.29～
PW 発達月齢	43ヵ月	44ヵ月	45ヵ月	46ヵ月	47ヵ月	48ヵ月	49ヵ月	50ヵ月	51ヵ月

テストスコア	100.23～	102.14～	104.01～	105.84～	107.65～	109.42～	111.15～	112.86～	114.54～
PW 発達月齢	52ヵ月	53ヵ月	54ヵ月	55ヵ月	56ヵ月	57ヵ月	58ヵ月	59ヵ月	60ヵ月以上

※PW発達月齢の例

　たとえば，生活月齢53ヵ月のA児のテストスコアが95.11であったので，換算表でみると，PW 発達月齢は49ヵ月である。

テストスコア	27.00～	30.92～	34.69～	38.33～	41.84～	45.23～	48.51～	51.68～	54.76～
PW 発達月齢	25ヵ月	26ヵ月	27ヵ月	28ヵ月	29ヵ月	30ヵ月	31ヵ月	32ヵ月	33ヵ月

テストスコア	57.75～	60.64～	63.46～	66.20～	68.87～	71.47～	74.00～	76.47～	78.88～
PW 発達月齢	34ヵ月	35ヵ月	36ヵ月	37ヵ月	38ヵ月	39ヵ月	40ヵ月	41ヵ月	42ヵ月

テストスコア	81.23～	83.53～	85.78～	87.97～	90.12～	92.23～	94.29～	96.31～	98.29～
PW 発達月齢	43ヵ月	44ヵ月	45ヵ月	46ヵ月	47ヵ月	48ヵ月	49ヵ月	50ヵ月	51ヵ月

テストスコア	100.23～	102.14～	104.01～	105.84～	107.65～	109.42～	111.15～	112.86～	114.54～
PW 発達月齢	52ヵ月	53ヵ月	54ヵ月	55ヵ月	56ヵ月	57ヵ月	58ヵ月	59ヵ月	60ヵ月以上

（3）PW 発達領域を調べる

　図表 11 - 20 において，生活月齢と PW 発達月齢が交わる所に●をつける。その●が灰色の帯状に位置すれば，対象児の描線動作の発達は，「標準内」領域にあることを示す。帯状の上の「標準以上」領域に位置すれば標準より発達が早く，「標準以下」領域に位置すれば標準よりも発達が遅いことを示している。

第Ⅱ部　PWT描線テストの手引き

図表11-20　PW発達領域の評価図

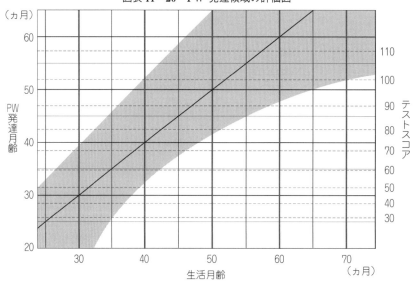

※PW発達領域の例

　図表11-20では，灰色の帯状内が「標準内」領域，灰色の帯状の上が「標準以上」領域，灰色の帯状の下が「標準以下」領域を表す。

　たとえば，生活月齢53ヵ月のA児の場合，PW発達月齢の49ヵ月を図にプロットすると，●はPW発達領域の「標準内」領域に位置する。

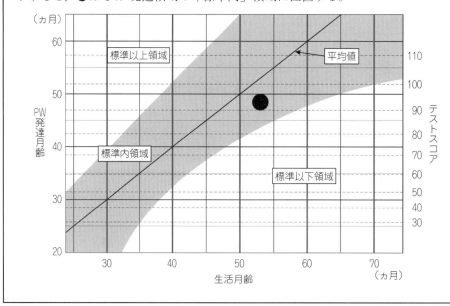

3 評価の観点

描線テストの評価結果は，以下の観点からみることができる。

1) ① 円塗り課題，② 横二点課題，③ 横線課題，④ 四角課題，⑤ 矩形課題，
⑥ 半円課題の6つの描画課題における対象児の発達段階をみる。

　発達段階をみることによって，課題ができるかどうか，できる場合はどれだ
け正確に描けるかどうかが分かる。

2) 1) と同じ6つの描画課題における対象児の課題別発達範囲をみる。

　「平均的」範囲であれば，描線動作は標準である。「早い」範囲であれば，描
線動作が標準よりも発達しているが，「遅い」範囲であれば，標準よりも発達が
遅いので，手指運動のトレーニングをするとよい。

3) テストスコアから PW 発達年齢を算出する。

　① 円塗り課題，③ 横線課題，④ 四角課題，⑤ 矩形課題，⑥ 半円課題の5
つの描画課題の得点を用いてテストスコアを算出し，それを PW 発達年齢に換
算する。上記の 1) と 2) では，描画課題ごとの発達段階をみたが，PW 発達年
齢をみることによって，対象児の全体の発達状況を捉えることができる。

4) PW 発達年齢から PW 発達領域を調べる。PW 発達領域によって対象児の手
先の器用さの発達水準を判定できる。

　3) で算出した PW 発達年齢が，生活年齢に比べて「標準内」「標準以下」
「標準以上」の何れの PW 発達領域かを図表 11 - 20 から読みとる。

第12章　定型発達と発達障害の事例

1　定型発達

（1）A児の事例

　A児は，定型発達の4歳5ヵ月の男児であり，幼稚園年中クラスに在籍している。図表12-1は，A児の描画結果である。A児の描画結果を評定すると（図表12-2），円塗り課題では，塗り残しや塗りすぎが少しあり，評定は5-2段階である。横二点課題では，点と点を正確に線でつないでおり，評定は4段階である。横線課題は，3種ともはみ出しがなく4-2段階である。四角課題では，かなりはみ出しがあり，4-1段階である。矩形課題，半円課題では少しはみ出しがあり，いずれも4-2段階である。これらの課題別発達範囲を評価すると，6課題すべてで「平均的」範囲であった。PW 発達年齢は4歳1ヵ月であり生活年齢4歳5ヵ月のA児の手先の器用さは「標準内」領域である。

（2）B児の事例

　B児は，定型発達の6歳0ヵ月の男児であり，幼稚園年長クラスに在籍している。図表12-3は，B児の描画結果である。円塗り課題では，塗り残し・塗りすぎがほとんどなくきれいに塗れており，評定は5-3段階である。横二点課題では，3種とも点と点を正確に線でつないでおり，評定は4段階である。それ以後の線引き課題では，何れの課題でも線からはみ出すことなく線が引けており，評定は最も高い段階である。描線テストの描画課題は，定型発達の5歳以上の子どもが指示通りに遂行できるレベルである。6歳児のB児のようにすべての課題において最高段階であっても，PW 発達年齢は5歳0ヵ月（60ヵ月）以上と表記されるので注意する。

第12章　定型発達と発達障害の事例

図表 12 - 1　定型発達のＡ児（男児，4歳5ヵ月）の描画結果

円塗り課題	横二点課題
横線課題	四角課題
短形課題	半円課題

図表 12 - 2　定型発達の A 児の評価

1. 課題別評価のまとめ

種　別	課　　題		発達段階	段　階　点		課題別発達範囲		
						遅い	平均的	早い
塗り課題	① 円塗り課題		5 - 2 段階	6 点		○	●	○
点つなぎ課題	② 横二点課題	10cm	4 段階	4 点	合計12点	○	●	○
		4 cm	4 段階	4 点				
		2 cm	4 段階	4 点				
線引き課題	③ 横線課題	10cm	4 - 2 段階	5 点	合計15点	○	●	○
		4 cm	4 - 2 段階	5 点				
		2 cm	4 - 2 段階	5 点				
	④ 四角課題		4 - 1 段階	4 点		○	●	○
	⑤ 矩形課題		4 - 2 段階	5 点		○	●	○
	⑥ 半円課題		4 - 2 段階	5 点		○	●	○

2. PW 発達年齢と PW 発達領域の評価

生活年齢（月齢）	PW 発達年齢（月齢）	PW 発達領域		
		標準以下	標準内	標準以上
4歳5ヵ月 （53ヵ月）	4歳1ヵ月 （49ヵ月）	○	●	○

125

第Ⅱ部　PWT 描線テストの手引き

図表 12-3　定型発達の B 児（男児，6 歳 0 ヵ月）の描画結果

円塗り課題	横二点課題
横線課題	四角課題
短形課題	半円課題

図表 12-4　定型発達の B 児の評価

1. 課題別評価のまとめ

種　別	課　　題		発達段階	段　階　点		課題別発達範囲		
						遅い	平均的	早い
塗り課題	① 円塗り課題		5-3段階	7点		○	●	○
点つなぎ課題	② 横二点課題	10cm	4段階	4点	合計12点	○	●	○
		4cm	4段階	4点				
		2cm	4段階	4点				
線引き課題	③ 横線課題	10cm	4-2段階	5点	合計15点	○	●	○
		4cm	4-2段階	5点				
		2cm	4-2段階	5点				
	④ 四角課題		4-3段階	6点		○	●	○
	⑤ 矩形課題		4-3段階	6点		○	●	○
	⑥ 半円課題		4-3段階	6点		○	●	○

2. PW 発達年齢と PW 発達領域の評価

生活年齢（月齢）	PW 発達年齢（月齢）	PW 発達領域		
		標準以下	標準内	標準以上
6 歳 0 ヵ月 （72ヵ月）	5 歳 0 ヵ月以上 （60ヵ月以上）	○	●	○

126

2 定型発達の発達推移

　定型発達でも手先が器用な子どもから少し不器用な子どもまで器用さに幅がある。一人の子どもに対して2歳から5歳まで3ヵ月ごとに描線テストを行ったところ，定型発達児の中でも手先の器用さの発達が早い早熟タイプ，平均発達の平均タイプ，そして発達が遅めの晩熟タイプが認められた。

　ここでは早熟タイプのC児，平均タイプのD児，晩熟タイプのE児の事例を紹介する。

第Ⅱ部　PWT 描線テストの手引き

図表 12 - 5　定型発達 C 児の描画結果の発達推移

	円塗り課題	横二点課題	矩形課題 半円課題
2 歳 0 カ月			
2 歳 3 カ月			
2 歳 6 カ月			
2 歳 9 カ月			
3 歳 0 カ月			
3 歳 3 カ月			
3 歳 6 カ月			
3 歳 9 カ月			
4 歳 0 カ月			
4 歳 3 カ月			
4 歳 6 カ月			
4 歳 9 カ月			

128

（1）C児の事例

　C児は，手先の器用さの発達が早い早熟タイプの事例である。C児は定型発達の女児であり，2歳下の妹がいる二人姉妹である。C児が3歳の時に，KIDS発達スケールを母親に記入してもらったところ，発達指数は109であった。

　C児の実際の描画結果（図表12-5）をもとに，PW発達年齢を算出し，2歳から5歳までの推移を図示した（図表12-6）。C児のPW発達月齢は，33～36ヵ月で「標準以上」領域，他の月齢では標準領域の平均値よりも上部に位置しており，PW発達領域からも手先の巧緻性発達が早いことが示された。また，生活年齢が高くなるにつれてPW発達年齢が高くなっていくことがわかる。

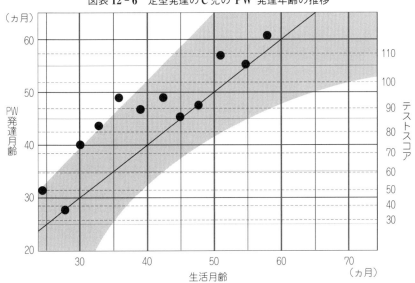

図表12-6　定型発達のC児のPW発達年齢の推移

第Ⅱ部　PWT 描線テストの手引き

図表 12 - 7　定型発達 D 児の描画結果の発達推移

	円塗り課題	横二点課題	矩形課題 半円課題
2歳0ヵ月			
2歳3ヵ月			
2歳6ヵ月			
2歳9ヵ月			
3歳0ヵ月			
3歳3ヵ月			
3歳6ヵ月			
3歳9ヵ月			
4歳0ヵ月			
4歳3ヵ月			
4歳6ヵ月			
4歳9ヵ月			
5歳0ヵ月			

130

（2）D児の事例

　D児は，手先の器用さの発達が平均的な平均タイプの事例である。D児は定型発達の男児であり，2歳下の弟がいる二人兄弟である。D児が3歳の時に，KIDS発達スケールを母親に記入してもらったところ，発達指数は110であった。

　D児の実際の描画結果（図表12-7）をもとに，PW発達年齢を算出し，2歳から5歳までの推移を図示した（図表12-8）。D児のPW発達月齢は，全ての生活月齢時において「標準内」領域に入っていた。そして，概ね平均値前後に位置している。PW発達領域からも，D児の手先の器用さの発達は平均的であることが示された。

　また，概ね，標準領域内において，生活年齢が高くなるにつれてPW発達年齢が高くなっていくことがわかる。

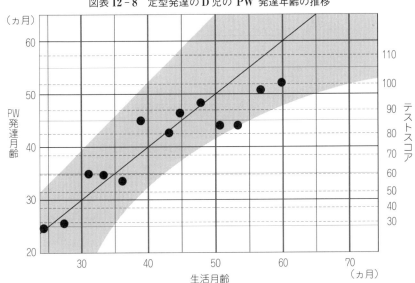

図表12-8　定型発達のD児のPW発達年齢の推移

第Ⅱ部　PWT 描線テストの手引き

図表 12 - 9　定型発達 E 児の描画結果の発達推移

	円塗り課題	横二点課題	矩形課題 半円課題
2歳0カ月			
2歳4カ月			
2歳7カ月			
3歳0カ月			
3歳3カ月			
3歳6カ月			
3歳9カ月			
4歳0カ月			
4歳3カ月			
4歳6カ月			
4歳9カ月			
5歳0カ月			

132

（3）E児の事例

E児は，手先の器用さの発達が遅めの晩熟タイプの事例である。E児は定型発達の男児であり，2歳下の弟がいる二人兄弟である。E児が3歳の時に，KIDS発達スケールを母親に記入してもらったところ，発達指数は106であった。

E児の実際の描画結果（図表12-9）をもとに，PW発達年齢を算出し，3歳から5歳までの推移を図示した（図表12-10）。なお，他の子どもと同様に，E児も2歳からテストを開始したが，2歳代では全課題を実施することができなかったためにPW発達年齢は算出していない。

E児のPW発達月齢は，すべての生活月齢時において，「標準内」領域に入っていたが，その領域内でも平均値の下に位置している。PW発達年齢からも手先の器用さの発達が遅めであることが示された。

また，概ね，「標準内」領域において，生活年齢が高くなるにつれてPW発達月齢が高くなっていくことがわかる。

以上，定型発達における手先の器用さの発達の経過から早熟タイプ，平均タイプ，晩熟タイプを見てきた。しかし，これらのタイプは，PW発達年齢の推移に違いがあるものの，定型発達の場合は，何れも「標準内」領域に位置していることがわかる。

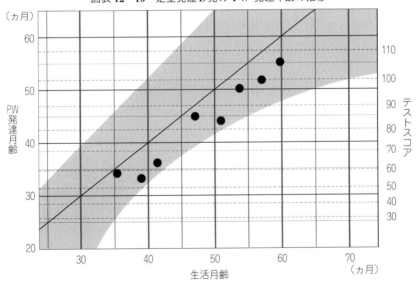

図表12-10　定型発達E児のPW発達年齢の推移

第Ⅱ部 PWT 描線テストの手引き

3 発達性協調運動障害のF児の事例

　F児は，発達性協調運動障害の3歳9ヵ月の男児である。短期の療育クラスなどへ
の参加経験はあるが，療育センターや保育施設に在籍していない。出生時は，満期産
で出生体重も3100gであり，問題はなかった。しかし，首の座りが4ヵ月，お座り
が8ヵ月，ハイハイが1歳2ヵ月，歩き始めが1歳5ヵ月と，乳児期より運動マイル
ストンの遅れがみられた。現在も走ることがぎこちない，ジャンプができない，手先
が不器用などが認められるなど，粗大運動と微細運動の両面での運動機能の遅れがあ
るが，器質的な運動障害はない。運動面の遅れがあるものの，言語発達に問題はない。
初語が10ヵ月で「マンマ」といい，現在でも年齢相応の会話ができる。日常生活にお
ける身辺自立に関しては，衣服を着る，ボタンをはめる，ボタンを留める，食事を自
分で食べることができない。家庭では，絵を描くことを嫌い，ほとんど絵を描かない。

　F児が3歳6ヵ月の時に母親に KIDS 発達スケール（Cタイプ）を記入してもらっ
たところ，総合発達年齢は2歳9ヵ月であり，総合発達指数は78.6と低めで
あったが，下表の各領域の結果では，理解言語と表出言語が年齢相応であるのに対し
て，運動や操作が低いことがわかる。

　また，F児が3歳0ヵ月時に，初期社会性発達アセスメント（長崎，2009）を行っ
たところ，全達成率は72.8％であり，社会的コミュニケーションに関する問題は認め
られなかった。

　描画テストは，検査者の指示に従って，すべての描画課題に取り組むことができた。
その描画結果を図表12-11に示す。筆圧が大変弱く，しっかりとした線を引くこと
ができない。また，描画結果から算出した評価を図表12-12に示す。6課題すべて
において，課題別発達範囲は「遅い」であった。また，PW 発達年齢は，2歳8ヵ月
であり，生活年齢の3歳9ヵ月よりも1歳遅れている。これは，PW 発達領域の「標
準以下」の領域に相当し，手先の器用さが標準よりも低いことがわかる。

領　　域	発 達 指 数	発 達 年 齢
① 運　　　動	45.2	1歳7ヵ月
② 操　　　作	59.5	2歳1ヵ月
③ 理 解 言 語	109.5	3歳10ヵ月
④ 表 出 言 語	95.2	3歳4ヵ月
⑤ 概　　　念	85.7	3歳0ヵ月
⑥ 対子ども社会性	54.7	1歳11ヵ月
⑦ 対成人社会性	92.8	3歳3ヵ月
⑧ し　つ　け	80.9	2歳10ヵ月
⑨ 食　　　事	69.0	2歳5ヵ月

第12章　定型発達と発達障害の事例

図表 12 - 11　発達性協調運動障害の F 児の事例

円塗り課題	横二点課題
横線課題	四角課題
短形課題	半円課題

図表 12 - 12　発達性協調運動障害の F 児の評価

1. 課題別評価のまとめ

種　別	課　　題		発達段階	段　階　点		課題別発達範囲		
						遅い	平均的	早い
塗り課題	① 円塗り課題		5 - 3 段階	3 点		●	○	○
点つなぎ課題	② 横二点課題	10cm	4 段階	3 点	合計 9 点	●	○	○
		4 cm	4 段階	3 点				
		2 cm	4 段階	3 点				
線引き課題	③ 横線課題	10cm	4 - 2 段階	3 点	合計 9 点	●	○	○
		4 cm	4 - 2 段階	3 点				
		2 cm	4 - 2 段階	3 点				
	④ 四角課題		4 - 3 段階	3 点		●	○	○
	⑤ 矩形課題		4 - 3 段階	3 点		●	○	○
	⑥ 半円課題		4 - 3 段階	3 点		●	○	○

2. PW 発達年齢と PW 発達領域の評価

生活年齢（月齢）	PW 発達年齢（月齢）	PW 発達領域		
		標準以下	標準内	標準以上
3 歳 9 ヵ月 （45ヵ月）	2 歳 8 ヵ月 （32ヵ月）	●	○	○

135

第Ⅱ部　PWT 描線テストの手引き

4　高機能自閉症のG児の事例

　G児は，4歳1ヵ月の男児である。小学校入学後に田中ビネー式知能検査をおこなったところ IQ120 であり，高機能自閉症と診断された。出生時は，満期産で出生体重が 3200g であり，問題はなかった。運動マイルストンは，首の座りが3ヵ月，ハイハイが8ヵ月，歩き始めが1歳1ヵ月と問題はなかった。初めてのことばは10ヵ月に「パパ」，1歳2ヵ月には「ワンワン」と言うなど，初語が早かったが，その後，年齢相応の言語発達が進まなかった。3歳の時点では，「おやつがほしい」「おかわり」などが言えるが，「くやしい」などの自分の気持ちを言葉で表すことができない。文字や数字に興味があり「これなあに？」と聞いてくるので母親が教えている。自動車のナンバープレートも読むことができる。また，電気がついていないと気がすまない，窓がしまっていないと気がすまないなどのこだわりが見られる。最近，思い通りにならないとパニックになることが増えてきた。

　描線テストの描画結果を図表 12 - 13 に示す。また，描画結果から算出した評価を図表 12 - 14 に示す。6課題すべてにおいて，課題別発達範囲は「遅い」であった。また，PW 発達年齢は，2歳10ヵ月であり，生活年齢の4歳1ヵ月よりも1歳3ヵ月遅れている。これは，PW 発達領域の「標準以下」の領域に相当し，手先の器用さが標準よりも低いことがわかる。

第12章　定型発達と発達障害の事例

図表 12 - 13　高機能自閉症の G 児の事例

円塗り課題	横二点課題
横線課題	四角課題
短形課題	半円課題

図表 12 - 14　高機能自閉症の G 児の評価

1. 課題別評価のまとめ

種　別	課　　題		発達段階	段　階　点		課題別発達範囲		
						遅い	平均的	早い
塗り課題	① 円塗り課題		4 段階	4 点		●	○	○
点つなぎ課題	② 横二点課題	10cm	4 段階	4 点	合計11点	●	○	○
		4 cm	4 段階	4 点				
		2 cm	3 段階	3 点				
線引き課題	③ 横線課題	10cm	4 - 1 段階	4 点	合計11点	●	○	○
		4 cm	4 - 1 段階	4 点				
		2 cm	3 段階	3 点				
	④ 四角課題		3 段階	3 点		●	○	○
	⑤ 矩形課題		3 段階	3 点		●	○	○
	⑥ 半円課題		3 段階	3 点		●	○	○

2. PW 発達年齢と PW 発達領域の評価

生活年齢（月齢）	PW 発達年齢（月齢）	PW 発達領域		
		標準以下	標準内	標準以上
4 歳 1 ヵ月 （49ヵ月）	2 歳10ヵ月 （34ヵ月）	●	○	○

第Ⅱ部　PWT 描線テストの手引き

5　発達性言語遅滞のH児の事例

　H児は，発達性言語遅滞の3歳11ヵ月の女児である。前置胎盤で帝王切開による出生のため，37週で生まれたが，出生体重は，2900g であり，出生時の問題はなかった。運動マイルストンは，首の座りが4ヵ月，寝返り7ヵ月，お座りが8ヵ月，ハイハイが10ヵ月，歩き始めは1歳3ヵ月であり，全体に少し発育が遅かった。初語は，2歳0ヵ月で大変遅かった。その時の言葉は「にゃあにゃあ」「うまうま」であった。このように2歳まではほとんど言葉を話さず，2歳半くらいでようやくはっきりした単語が言えるようになった。その時の言葉は「おばあちゃん」「おとうさん」であった。3歳の時点では，単語のみで二語文が話せないが，相手の話を理解できており，家族とは非言語的コミュニケーションで意思疎通を図っている。この時点でよく話す単語は，「パパ」「ママ」「バイバイ」「ばあちゃん」「じいちゃん」「あーちゃん」「ミーも」であった。人の態度や行動そして会話をよく観察しており，たとえば，先回りして物を持ってきたりと，人の気持ちを察して行動することができる。3歳時に，PVT絵画語い発達検査を行ったところ，語い発達年齢は2歳10ヵ月と標準範囲であった。また，随意運動発達検査を行ったところ，グーとパーの形はできるが，チョキができない。「パーパーパー」「マーマーマー」は言えるが，「カーカーカー」は言えない。両ほほをうまく膨らますことができず「バー」とすると空気がもれてしまう。手指運動と口腔系コントロールに問題があった。その後，話せる単語数が増えていき，3歳6ヵ月の時に，「バッタ　いた」などという二語文がでて，3歳8ヵ月の時には，「せんせい　ここ　きて」「あか　あった　よ」など3語文を話すようになった。そして，5歳以降は，年齢相応の会話ができるようになった。

　描線テストを，3歳0ヵ月，3歳3ヵ月，3歳11ヵ月の3回実施した。ただし，最初の2回は，円塗り課題，横二点課題，横線課題しかやらなかった。1回目と2回目の描画結果を図表12-15に，3回目の描画結果を図表12-16に示す。定型発達のC児，D児，E児の同じ月齢時と比較してもかなり発達が遅いことがわかる。

　また，1回目の3歳時と2回目の3歳3ヵ月時の描画結果から算出した評価を図表12-17に示す。1回目と2回目のどちらでも円塗り課題，横二点課題，横線課題の発達範囲は「遅い」であった。次に，3回目の3歳11ヵ月時の描画結果から算出した評価を図表12-18に示す。円塗り課題の発達範囲は「平均的」となったが，他の5課題の発達範囲は「遅い」であった。また，PW発達年齢は，2歳10ヵ月であり，生活年齢の3歳11ヵ月よりも1歳1ヵ月遅れている。これは，PW発達領域の「標準以下」の領域に相当し，手先の器用さが標準よりも低いことがわかる。

138

第12章　定型発達と発達障害の事例

図表 12 - 15　発達性言語遅滞の H 児の事例（1 回目と 2 回目）

1回目（3歳0ヵ月）	2回目（3歳3ヵ月）
円塗り課題	円塗り課題
横二点課題	横二点課題
横線課題	横線課題

139

第Ⅱ部　PWT 描線テストの手引き

図表 12 - 16　発達性言語遅滞の H 児の事例（3 回目）

3回目（3歳11ヵ月）	
円塗り課題	横二点課題
横線課題	四角課題
短形課題	半円課題

第12章　定型発達と発達障害の事例

図表 12-17　発達性言語遅滞のH児の評価（1回目の36ヵ月と2回目の39ヵ月）

1. 課題別評価のまとめ

種　別	課　題	回　　数		発達段階	課題別発達範囲		
					遅い	平均的	早い
塗り課題	① 円塗り課題	1回目		2段階	●	○	○
		2回目		2段階	●	○	○
点つなぎ課題	② 横二点課題	1回目	10cm	1段階	●	○	○
			4cm	1段階			
			2cm	1段階			
		2回目	10cm	3段階	●	○	○
			4cm	3段階			
			2cm	3段階			
線引き課題	③ 横線課題	1回目	10cm	2段階	●	○	○
			4cm	2段階			
			2cm	2段階			
		2回目	10cm	3段階	●	○	○
			4cm	3段階			
			2cm	3段階			

図表 12-18　発達性言語遅滞のH児の評価（3回目の47ヵ月）

1. 課題別評価のまとめ

種　別	課　　題		発達段階	段　階　点	課題別発達範囲		
					遅い	平均的	早い
塗り課題	① 円塗り課題		4段階	4点	○	●	○
点つなぎ課題	② 横二点課題	10cm	3段階	4点	●	○	○
		4cm	3段階	4点			
		2cm	3段階	3点	合計11点		
線引き課題	③ 横線課題	10cm	4-1段階	4点	●	○	○
		4cm	4-1段階	4点			
		2cm	3段階	3点	合計11点		
	④ 四角課題		3段階	3点	●	○	○
	⑤ 矩形課題		3段階	3点	●	○	○
	⑥ 半円課題		3段階	3点	●	○	○

2. PW発達年齢とPW発達領域の評価

生活年齢（月齢）	PW発達年齢（月齢）	PW発達領域		
		標準以下	標準内	標準以上
3歳11ヵ月 （47ヵ月）	2歳10ヵ月 （34ヵ月）	●	○	○

141

第Ⅱ部　PWT 描線テストの手引き

6　自閉症スペクトラム障害の事例

　ここでは，療育センターに在籍する 2 名の自閉症スペクトラム障害児に対しておこなった描線テストの結果を示す。2 名の自閉症スペクトラム障害児は，同じクラスに所属し，同じ年齢である。

（1）I 児の事例

　I 児は，4 歳 9 ヵ月の自閉症スペクトラム障害の男児である。療育センターには半年前に入所した。

　描線テストの実施時に，検査者が「I くんこれやってみる？」と聞くと「はーい！」手を挙げながら元気よく返事をした。その後も，やるという意思を示し，どの課題に対しても集中して一生懸命取り組んでいた。言葉は，オウム返しで答えることも多いが，食べ物の絵を見せると「おいしそう」と答えることもある。また，検査者が I 児の靴をみて「かっこいいね」とほめると，嬉しそうに頷くなど，言語的および非言語的な対人的相互交渉が可能である。

　PWT 描線動作テストの描画結果を図表 12 - 19 に示す。また，描画結果から算出した評価を図表 12 - 20 に示す。6 課題のすべてで課題別発達範囲は「遅い」であった。また，PW 発達年齢は，2 歳 10 ヵ月であり，生活年齢の 4 歳 9 ヵ月よりも 1 歳 11 ヵ月低く，かなり遅れている。これは，PW 発達領域の「標準以下」の領域に相当し，手先の器用さに問題があることがわかる。

142

第12章　定型発達と発達障害の事例

図表 12 - 19　自閉症スペクトラム障害の I 児の描画結果

円塗り課題	横二点課題
横線課題	四角課題
短形課題	半円課題

図表 12 - 20　自閉症スペクトラム障害の I 児の評価

1. 課題別評価のまとめ

種　　別	課　　　　題		発達段階	段　階　点		課題別発達範囲		
						遅い	平均的	早い
塗り課題	① 円塗り課題		4 段階	4 点		●	○	○
点つなぎ課題	② 横二点課題	10cm	3 段階	3 点	合計 9 点	●	○	○
		4 cm	3 段階	3 点				
		2 cm	3 段階	3 点				
線引き課題	③ 横線課題	10cm	3 段階	3 点	合計 9 点	●	○	○
		4 cm	3 段階	3 点				
		2 cm	3 段階	3 点				
	④ 四角課題		2 段階	2 点		●	○	○
	⑤ 矩形課題		3 段階	3 点		●	○	○
	⑥ 半円課題		3 段階	3 点		●	○	○

2. PW 発達年齢と PW 発達領域の評価

生活年齢（月齢）	PW 発達年齢（月齢）	PW 発達領域		
		標準以下	標準内	標準以上
4 歳 9 ヵ月 （57ヵ月）	2 歳10ヵ月 （34ヵ月）	●	○	○

143

第Ⅱ部　PWT 描線テストの手引き

（2）J児の事例

　J児は，4歳9ヵ月の男児である。療育センターには1年前に入所したが，それまでは会話ができず，叫ぶことで気持ちを表していた。現在は，ある程度の会話ができる。こだわりが強い特徴をもっているが，人への興味を示し，社交的な面もある。運動は苦手である。

　描線テストを実施した時には，描画課題に対して「やりたい」と言い，意欲的に取り組んだ。横二点課題でライオンとライオンを結ぶ時にライオンの上を描いてしまうと「ごめんね，ライオン」と言って，上に書いた線を消そうとした。また，横線課題で二本線からはみ出した時に「（線から）出ちゃった」と自分の行動に対する発言がみられた。

　描線テストの描画結果を図表12-21に示す。また，描画結果から算出した評価を図表12-22に示す。6課題のうち1課題だけ発達範囲は「遅い」であったが，他の5課題は「平均的」であった。また，PW発達年齢は，4歳1ヵ月であり，生活年齢の4歳9ヵ月よりも8ヵ月遅れているだけである。これは，PW発達領域の「標準内」の領域に相当した。

　前項のI児と比べると，同じ自閉症スペクトラム障害児でも手先の器用さに違いがあることがわかる。

144

第12章　定型発達と発達障害の事例

図表 **12 - 21**　自閉症スペクトラム障害の **J** 児の描画結果

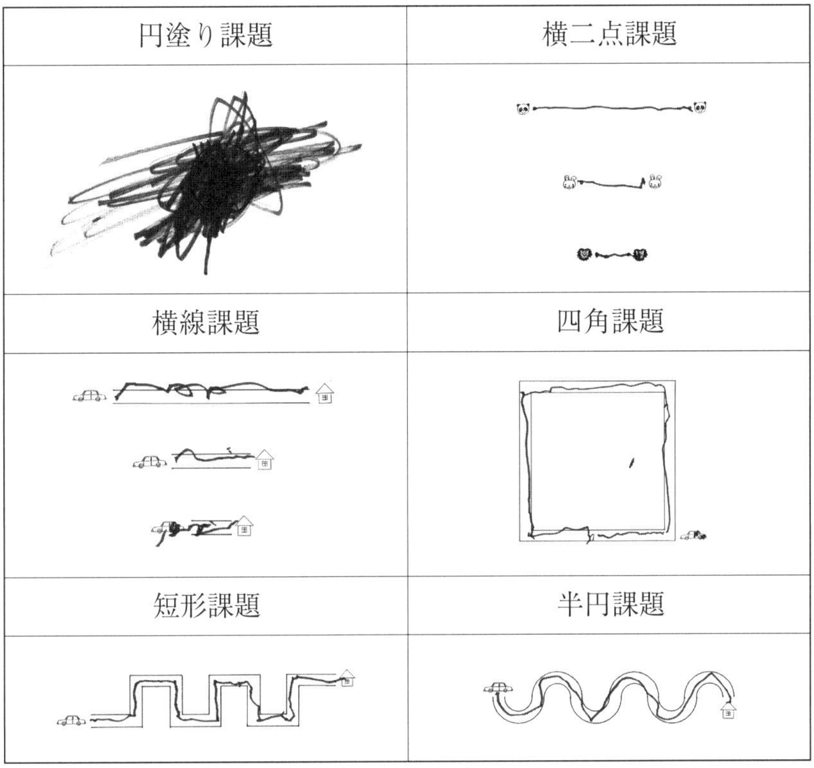

円塗り課題	横二点課題
横線課題	四角課題
短形課題	半円課題

図表 **12 - 22**　自閉症スペクトラム障害の **J** 児の評価

1. 課題別評価のまとめ

種　別	課　題		発達段階	段　階　点		課題別発達範囲		
						遅い	平均的	早い
塗り課題	① 円塗り課題		5 - 1 段階	5 点		○	●	○
点つなぎ課題	② 横二点課題	10cm	4 段階	4 点	合計12点	○	●	○
		4 cm	4 段階	4 点				
		2 cm	4 段階	4 点				
線引き課題	③ 横線課題	10cm	3 段階	3 点	合計9点	●	○	○
		4 cm	3 段階	3 点				
		2 cm	3 段階	3 点				
	④ 四角課題		4 - 2 段階	5 点		○	●	○
	⑤ 矩形課題		4 - 2 段階	5 点		○	●	○
	⑥ 半円課題		4 - 2 段階	5 点		○	●	○

2. PW 発達年齢と PW 発達領域の評価

生活年齢（月齢）	PW 発達年齢（月齢）	PW 発達領域		
		標準以下	標準内	標準以上
4 歳 9 ヵ月 （57ヵ月）	4 歳 1 ヵ月 （49ヵ月）	○	●	○

145

付　録

PWT 描線テストの検査用紙

―気になる子の手先の器用さをしらべる―

PWT 描線テスト

子どもの名前	（男・女）
子どもの利き手	右利き・左利き・決まっていない
園名・施設名	（年長・年中・年少）
年　　　齢	歳　　カ月　（月齢：　　カ月）
生 年 月 日	年　　　月　　　日
検 査 日	年　　　月　　　日
検 査 者 名	

PWT 描線テスト

　近年，手先の不器用な子どもが注目されています。特に，発達性協調運動障害をもつ子どもには，手先の不器用さに大きな問題を持っています。また，発達障害をもつ子どもにも，手先の不器用さが指摘されています。

　しかし，手先の不器用さを調べる検査は少なく，さらに幼児の問題をスクリーニングする検査は我が国ではほとんどありません。そこで，比較的簡単にできるスクリーニングテストとして，この（Pre-Writing Test：PWT　ピー・ダブル・ティ）描線テストを開発しました。

　前書字（Pre-Writing：PW）すなわち書字の前の段階として，子どもは描画や描線を行います。そこで PWT 描線テストは，幼児の手先の器用さを前書字である描線によってアセスメントするものです。

　本検査は，スクリーニング検査です。評価結果は，手指運動の障害を診断するものではありません。診断が必要な時には，必ず専門医に尋ねてください。

※検査を実施する時には，本書第Ⅱ部第10章「PWT 描線テストの実施法」に詳しく書かれていますので，それを必ず読んでください。

※検査結果を評価する時には，本書第Ⅱ部第11章「PWT 描線テストの評価」に詳しく書かれていますので，それを必ず読んでください。

PWT 描線テストの実施法

1. 描画課題

　描線テストには，練習課題と6つの描画課題があります。描画課題は，①円塗り課題，②横二点課題，③横線課題，④四角課題，⑤矩形課題，⑥半円課題です。最初に，ペンで描くことになれるための練習課題を行ってから，6つの描画課題を①から順に実施していきます。そして，②を除いた5つの描画課題の結果からPW発達年齢を算出します。

　6つの課題全てが実施できなかった場合は，実施した課題ごとに発達段階と課題別発達範囲を評価することによって，大凡の発達状況を把握します。

2. 実施のしかた

対象児：2歳から6歳までの幼児が対象です。なお，筆記具を持って描けることが必要条件です。まだ描けない子どもは，描けるようになってから実施してください。

検査者：検査者は，心理士，作業療法士，言語聴覚士，保育者などです。親が実施することも可能ですが，その際には，手引きを熟読して正確に行ってください。

検査場面の設定：子どもの気が散らない，静かで落ち着いた部屋で行います。そこに机と椅子を置いて，机の対面に検査者と子どもが座ります。机の高さは，椅子に座った子どもの肘の高さになるように調整します。また，子どもの前に課題用紙を置く時に，子どもが描いても動かないように固定します。

準備するもの：

1. A4判の検査用紙（一般のコピー用紙よりも厚めがよい）。検査用紙は事前に付録 p162〜p168 に掲載されている描画課題をコピーしておきます。
2. 描画課題の見本（本書の付録 p169〜p175 に掲載されています）
3. 中太の青のカラーペン1本（紙に描くと線幅2mmになるもの）

実施の手順：

1. 子どもを机の前に座らせ，練習問題を行います。
2. 白の用紙を子どもの前に置き，「お母さん（身近な人ならだれでもよい）を描いてください」と言って，子どもに描かせます。
3. ①の円塗り課題から始めます。検査者は，手本を子どもに示しながら，円の中をきれいに塗るように教示します。
4. 描き終わったら，①の課題用紙を片づけ，次の課題の用紙を机に置きます。
5. その後，①と同様に，②〜⑥の課題を順に行います。

付　録　PWT 描線テストの検査用紙

PWT 描線テストの評価のまとめ

1. 課題別評価のまとめ

①～⑥の描画課題における課題別評価は p.154～159 で行い，下表に転記します。

種別	課題		発達段階	得点		課題別発達範囲		
						遅い	平均的	早い
塗り課題	①円塗り課題		段階		点	○	○	○
点つなぎ課題	②横二点課題	10cm	段階	点	合計　点	○	○	○
		4 cm	段階	点				
		2 cm	段階	点				
線引き課題	③横線課題	10cm	段階	点	合計　点	○	○	○
		4 cm	段階	点				
		2 cm	段階	点				
	④四角課題		段階		点	○	○	○
	⑤矩形課題		段階		点	○	○	○
	⑥半円課題		段階		点	○	○	○

2. PW 発達年齢と PW 発達領域の評価

PW 発達年齢と PW 発達領域は p.161 で評価し，下表に転記します。

生活年齢（月齢）	PW 発達年齢（月齢）	PW 発達領域		
		標準以下	標準内	標準以上
歳　　ヵ月 （　　　ヵ月）	歳　　ヵ月 （　　　ヵ月）	○	○	○

3. 検査中の行動観察

検査への取り組みの様子	（例えば，検査を嫌がる，何度も席を離れる，気が散って集中しないなど）
円塗り課題における筆記具操作	①筆記具の持ち方（円を塗っている間に見られた持ち方にすべて○をする） （　　　）2指握り（母指と示指でペンを掴み，対立位の中指で支える） （　　　）3指握り（母指，示指，中指でペンを掴み，対立位の環指で支える） （　　　）4指・5指握り（4指あるいは5指でペンを掴む） （　　　）指尖握り（ペンを指尖で保持する） （　　　）挟み握り（指と指の間に挟んでペンを持つ） （　　　）回外握り（ペンを回外で握る） （　　　）回内握り（ペンを回内で握る） ②筆記具の動かし方（円を塗っている間に見られた動きにすべて○をする） （　　　）指動（肩，肘，手関節は動かさず，指だけを動かしてペンを操作） （　　　）指手動（肩，肘関節を動かさず，手を動かしつつ指を動かしてペンを操作） （　　　）手動（肩，肘関節を動かさず，手を動かしてペンを操作） （　　　）肘動（肩関節を動かさず，前腕を動かしてペンを操作） （　　　）肩動（腕全体を動かしてペンを操作） ※分類方法と評価方法にはついては，本書第Ⅰ部5章1の「筆記具操作の発達」を参照して下さい。

4. 保育や療育で見られる行動特徴

微細運動	（例えば，鉛筆，ハサミ，お箸の使い方，ボタンのかけ方など）
粗大運動	（例えば，身体の動きやバランス，協調運動，姿勢など）
その他気になる点	

付　録　PWT 描線テストの検査用紙

PWT 描線テストの評価

1．描画課題の評価

① 円塗り課題

1）発達段階の評価

　　付表 1 において，対象児の円塗り段階とその得点を調べます。

付表 1　円塗り課題の評価表

円塗り段階	得点	描画内容
1 段階	1 点	紙全体や課題の上を大きくなぐり描き
2 段階	2 点	円の中に点や丸などの印をつける（マーキング）
3 段階	3 点	円の上を大きい多重の円や線で描く
4 段階	4 点	円の中に小さい多重の円や線などを描く
5 − 1 段階	5 点	円を塗る − 塗り残し・塗りすぎが大変多い
5 − 2 段階	6 点	円を塗る − 塗り残し・塗りすぎがあるが，大体塗れている
5 − 3 段階	7 点	円を塗る − 塗り残し・塗りすぎがほとんどなく，きれいに塗れている

2）課題別発達範囲の評価

　　付表 2 の対象児の生活月齢の欄において，付表 1 で求めた得点が，「平均的」「遅い」「早い」のどの発達範囲に相当するかを調べます。

付表 2　得点による課題別発達範囲の評価表

生活月齢	25～30ヵ月			31～36ヵ月			37～42ヵ月			43～48ヵ月		
発達範囲	遅い	平均的	早い	遅い	平均的	早い	遅い	平均的	早い	遅い	平均的	早い
得点	1	2～4	5～7	1～2	3～5	6～7	1～3	4～6	7	1～3	4～6	7
生活月齢	49～54ヵ月			55～60ヵ月			61～66ヵ月			67～72ヵ月		
発達範囲	遅い	平均的	早い	遅い	平均的	早い	遅い	平均的	早い	遅い	平均的	早い
得点	1～4	5～7		1～4	5～7		1～6	7		1～6	7	

3）課題別評価

種別	課題	発達段階	得点	課題別発達範囲		
				遅い	平均的	早い
塗り課題	①円塗り課題	段階	点	○	○	○

154

PWT 描線テスト

② 横二点課題

1）発達段階の評価

　対象児の点つなぎ段階を調べ，付表3の右欄にその得点を書きます。10cm，4cm，2cmの合計点を計算します。

付表3　横二点課題の評価表

点つなぎ段階	得点	描画内容	各課題の得点		
			10cm	4cm	2cm
1段階	1点	紙全体や課題の上を大きくなぐり描き			
2段階	2点	動物の上を塗ったり，線を引いてマーキング			
3段階	3点	二点の間に不正確な線引き			
4段階	4点	点と点を線でつなぐ			
		合計			点

2）課題別の発達範囲の評価

　付表4の対象児の生活月齢の欄において，付表3で求めた合計点が，「平均的」「遅い」「早い」のどの発達範囲に相当するかを調べます。

付表4　得点による課題別発達範囲の評価表

生活月齢	25〜30ヵ月			31〜36ヵ月			37〜42ヵ月			43〜48ヵ月		
発達範囲	遅い	平均的	早い	遅い	平均的	早い	遅い	平均的	早い	遅い	平均的	早い
合計得点	1〜4	5〜11	12	1〜6	7〜12	/	1〜10	11〜12	/	1〜11	12	/
生活月齢	49〜54ヵ月			55〜60ヵ月			61〜66ヵ月			67〜72ヵ月		
発達範囲	遅い	平均的	早い	遅い	平均的	早い	遅い	平均的	早い	遅い	平均的	早い
合計得点	1〜11	12	/	1〜11	12	/	1〜11	12	/	1〜11	12	/

3）課題別評価

種別	課題	発達段階		合計得点	課題別発達範囲		
					遅い	平均的	早い
点つなぎ課題	②横二点課題	10cm	段階	点	○	○	○
		4cm	段階				
		2cm	段階				

155

付　録　PWT 描線テストの検査用紙

③ 横線課題

1) 発達段階の評価

　対象児の線引き段階を調べ，付表5の右欄にその得点を書きます。10cm，4 cm，2 cm の合計点を計算します。

付表5　横線課題の評価表

線引き段階	得点	描画内容	各課題の得点		
			10cm	4 cm	2 cm
1段階	1点	紙全体や課題の上を大きくなぐり描き			
2段階	2点	車，家，横線の上を塗ったり，線を引いてマーキング			
3段階	3点	不正確な線引き			
4－1段階	4点	線を引く－はみ出しあり			
4－2段階	5点	線を引く－はみ出しなし			
			合計		点

2) 課題別発達範囲の評価

　付表6の対象児の生活月齢の欄において，付表5で求めた合計点が，「平均的」「遅い」「早い」のどの発達範囲に相当するかを調べます。

付表6　得点による課題別発達範囲の評価表

生活月齢	25～30ヵ月			31～36ヵ月			37～42ヵ月			43～48ヵ月		
発達範囲	遅い	平均的	早い	遅い	平均的	早い	遅い	平均的	早い	遅い	平均的	早い
合計得点	1～3	4～12	13～15	1～8	9～15		1～12	13～15		1～12	13～15	

生活月齢	49～54ヵ月			55～60ヵ月			61～66ヵ月			67～72ヵ月		
発達範囲	遅い	平均的	早い	遅い	平均的	早い	遅い	平均的	早い	遅い	平均的	早い
合計得点	1～13	14～15		1～13	14～15		1～13	14～15		1～13	14～15	

3) 課題別評価

種別	課題	発達段階		合計得点	課題別発達範囲		
					遅い	平均的	早い
線引き課題	③横線課題	10cm	段階	点	○	○	○
		4 cm	段階				
		2 cm	段階				

④ 四角課題

1) 発達段階の評価

付表7において，対象児が該当する線引き段階とその得点を調べます。4段階は，はみだし点数を算出して（※）下位分類します。

付表7　四角課題の評価表

線引き段階	得点	描画内容
1段階	1点	紙全体や課題の上を大きくなぐり描き
2段階	2点	車，家，四角形の上を塗ったり，線を引いてマーキング
3段階	3点	不正確な線引き
4-1段階	4点	二本線間に線を引く－はみ出し多い（はみ出し点数12点以上）
4-2段階	5点	二本線間に線を引く－はみ出し少し（はみ出し点数1〜11点）
4-3段階	6点	二本線間に線を引く－はみ出しなし（はみ出し点数0点）

※はみだし点数の算出方法－4段階の場合，二本線からはみ出した長さとその回数を数え，はみ出し長さに該当する欄の（　　）に回数を記入し，合計します。

はみ出し長さ	〜1cm未満	1cm〜2cm未満	2cm〜3cm未満	3cm〜4cm未満	4cm〜5cm未満	（　）cm未満	はみ出し点数（合計）
点数計算	1点×（　）	2点×（　）	3点×（　）	4点×（　）	5点×（　）	（　）点×（　）	点

2) 課題別発達範囲の評価

付表8の対象児の生活月齢の欄において，付表7で求めた得点が「平均的」「遅い」「早い」のどの発達範囲に相当するかを調べます。

付表8　得点による課題別発達範囲の評価表

生活月齢	25〜30ヵ月			31〜36ヵ月			37〜42ヵ月			43〜48ヵ月		
発達領域	遅い	平均的	早い	遅い	平均的	早い	遅い	平均的	早い	遅い	平均的	早い
得点	1	2〜4	5〜6	1〜2	3〜5	6	1〜3	4〜6	/	1〜3	4〜6	/
生活月齢	49〜54ヵ月			55〜60ヵ月			61〜66ヵ月			67〜72ヵ月		
発達領域	遅い	平均的	早い	遅い	平均的	早い	遅い	平均的	早い	遅い	平均的	早い
得点	1〜3	4〜6	/	1〜3	4〜6	/	1〜4	5〜6	/	1〜5	6	/

3) 課題別評価

種別	課題	発達段階	得点	課題別発達範囲		
				遅い	平均的	早い
線引き課題	④四角課題	段階	点	○	○	○

付　録　PWT 描線テストの検査用紙

⑤ 矩形課題

1）発達段階の評価

　　付表 9 において，対象児が該当する線引き段階とその得点を調べます。4 段階は，はみだし点数を算出して（※）下位分類します。

付表 9　矩形課題の評価表

線引き段階	得点	描画内容
1 段階	1 点	紙全体や課題の上を大きくなぐり描き
2 段階	2 点	車，家，矩形の上を塗ったり，線を引いてマーキング
3 段階	3 点	不正確な線引き
4 - 1 段階	4 点	二本線間に線を引く - はみ出し多い（はみ出し点数 8 点以上）
4 - 2 段階	5 点	二本線間に線を引く - はみ出し少し（はみ出し点数 1～7 点）
4 - 3 段階	6 点	二本線間に線を引く - はみ出しなし（はみ出し点数 0 点）

※はみだし点数の算出方法 - 4 段階の場合，二本線からはみ出した長さとその回数を数え，はみ出し長さに該当する欄の（　　）に回数を記入，合計します。

はみ出し 長さ	～ 1 cm 未満	1 cm～ 2 cm 未満	2 cm～ 3 cm 未満	3 cm～ 4 cm 未満	4 cm～ 5 cm 未満	（　）cm 未満	はみ出し点数 （合計）
点数 計算	1 点 ×（　）	2 点 ×（　）	3 点 ×（　）	4 点 ×（　）	5 点 ×（　）	（　）点 ×（　）	点

2）課題別発達範囲の評価

　　付表 10 の対象児の生活月齢の欄において，付表 9 求めた得点が「平均的」「遅い」「早い」のどの発達範囲に相当するかを調べます。

付表 10　得点による課題別発達範囲の評価表

生活月齢	25～30ヵ月			31～36ヵ月			37～42ヵ月			43～48ヵ月		
発達範囲	遅い	平均的	早い	遅い	平均的	早い	遅い	平均的	早い	遅い	平均的	早い
得点		1～3	4～6	1	2～4	5～6	1～3	4～6		1～3	4～6	

生活月齢	49～54ヵ月			55～60ヵ月			61～66ヵ月			67～72ヵ月		
発達範囲	遅い	平均的	早い	遅い	平均的	早い	遅い	平均的	早い	遅い	平均的	早い
得点	1～3	4～6		1～3	4～6		1～4	5～6		1～5	6	

3）課題別評価

種別	課題	発達段階	得点	課題別発達範囲		
				遅い	平均的	早い
線引き課題	⑤矩形課題	段階	点	○	○	○

⑥ 半円課題

1) 発達段階の評価

付表11において，対象児の線引き段階とその得点を調べます。4段階は，はみだし点数を算出して（※）下位分類します。

付表11　半円課題の評価表

線引き段階	得点	描画内容
1段階	1点	紙全体や課題の上を大きくなぐり描き
2段階	2点	車，家，半円形の上を塗ったり，線を引いてマーキング
3段階	3点	不正確な線引き
4-1段階	4点	二本線間に線を引く-はみ出し多い（はみ出し点数7点以上）
4-2段階	5点	二本線間に線を引く-はみ出し少し（はみ出し点数1～6点）
4-3段階	6点	二本線間に線を引く-はみ出しなし（はみ出し点数0点）

※はみだし点数の算出方法-4段階の場合，二本線からはみ出した長さとその回数を数え，はみ出し長さに該当する欄の（　）に回数を記入，合計します。

はみ出し 長さ	～ 1cm未満	1cm～ 2cm未満	2cm～ 3cm未満	3cm～ 4cm未満	4cm～ 5cm未満	（　）cm 未満	はみ出し点数 （合計）
点数 計算	1点 ×（　）	2点 ×（　）	3点 ×（　）	4点 ×（　）	5点 ×（　）	（　）点 ×（　）	点

2) 課題別発達範囲の評価

付表12の対象児の生活月齢の欄において，付表11で求めた得点が「平均的」「遅い」「早い」のどの発達範囲に相当するかを調べます。

付表12　得点による課題別発達範囲の評価表

生活月齢	25～30ヵ月			31～36ヵ月			37～42ヵ月			43～48ヵ月		
発達範囲	遅い	平均的	早い	遅い	平均的	早い	遅い	平均的	早い	遅い	平均的	早い
得点		1～3	4～6	1	2～4	5～6	1～3	4～6		1～3	4～6	

生活月齢	49～54ヵ月			55～60ヵ月			61～66ヵ月			67～72ヵ月		
発達範囲	遅い	平均的	早い	遅い	平均的	早い	遅い	平均的	早い	遅い	平均的	早い
得点	1～3	4～6		1～3	4～6		1～3	4～6		1～3	4～6	

3) 課題別評価

種別	課題	発達段階	得点	課題別発達範囲		
				遅い	平均的	早い
線引き課題	⑥半円課題	段階	点	○	○	○

付　録　PWT 描線テストの検査用紙

2. PW 発達年齢と PW 発達領域の評価

1) テストスコアの算出

　PW 発達月齢を求めるために，まずテストスコアを計算します。前項で求めた①円塗り課題，③横線課題，④四角課題，⑤矩形課題，⑥半円課題の得点を下表に記入し，それぞれ得点に係数をかけます。それらの値を下表の一番下に書かれた計算式に入れて，テストスコアを算出します。

課題	得点	× 係数	= （掛け算の値）
①円塗り課題	点	× 9.53	= A（　　　）
②横二点課題			
③横線課題	合計　点	× 1.22	= B（　　　）
④四角課題	点	× 2.87	= C（　　　）
⑤矩形課題	点	× 6.15	= D（　　　）
⑥半円課題	点	× 2.80	= E（　　　）
テストスコア	A − B + C + D + E = （　　　）		

2) テストスコアから PW 発達月齢の換算

　付表 13 において，前項で求めたテストスコアから PW 発達月齢を求めます。

付表 **13**　テストスコアから **PW** 発達月齢への換算表

テストスコア	27.00〜	30.92〜	34.69〜	38.33〜	41.84〜	45.23〜	48.51〜	51.68〜	54.76〜
PW 発達月齢	25ヵ月	26ヵ月	27ヵ月	28ヵ月	29ヵ月	30ヵ月	31ヵ月	32ヵ月	33ヵ月

テストスコア	57.75〜	60.64〜	63.46〜	66.20〜	68.87〜	71.47〜	74.00〜	76.47〜	78.88〜
PW 発達月齢	34ヵ月	35ヵ月	36ヵ月	37ヵ月	38ヵ月	39ヵ月	40ヵ月	41ヵ月	42ヵ月

テストスコア	81.23〜	83.53〜	85.78〜	87.97〜	90.12〜	92.23〜	94.29〜	96.31〜	98.29〜
PW 発達月齢	43ヵ月	44ヵ月	45ヵ月	46ヵ月	47ヵ月	48ヵ月	49ヵ月	50ヵ月	51ヵ月

テストスコア	100.23〜	102.14〜	104.01〜	105.84〜	107.65〜	109.42〜	111.15〜	112.86〜	114.54〜
PW 発達月齢	52ヵ月	53ヵ月	54ヵ月	55ヵ月	56ヵ月	57ヵ月	58ヵ月	59ヵ月	60ヵ月以上

3）PW 発達領域の評価

前項で求めた PW 発達月齢と子どもの生活年齢が交わるところに黒点を記入します。黒点が位置する発達領域を読取り、下表に記入します。

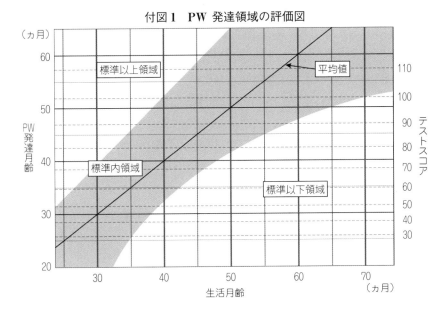

付図1　PW 発達領域の評価図

4）PW 発達年齢と PW 発達領域のまとめ

生活年齢（月齢）	PW 発達年齢（月齢）	PW 発達領域		
		標準以下	標準内	標準以上
歳　　ヵ月 （　　ヵ月）	歳　　ヵ月 （　　ヵ月）	○	○	○

付　録　PWT 描線テストの検査用紙

PWT 描線テスト：描画課題

塗りえ課題　　　①円塗り課題

点つなぎ課題　　②横二点課題　（10cm，4 cm，2 cm）

線引き課題　　　③横線課題　　（10cm，4 cm，2 cm）

　　　　　　　　④四角課題

　　　　　　　　⑤矩形課題

　　　　　　　　⑥半円課題

検査用紙の使い方

- 次頁からの描画課題を，Ａ４用紙に１課題１枚，コピーして使います。
- 縮小拡大せずに，そのままの大きさでコピーします。
- 片面コピーです。両面にコピーしないようにしてください。
- コピーする時，曲がらないように注意してください。
- 用紙は，表面が滑らかな厚紙を用います。

① 円塗り課題

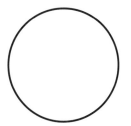

② 横二点課題

③ 横線課題

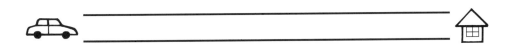

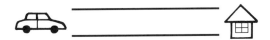

④ 四角課題

⑤ 矩形課題

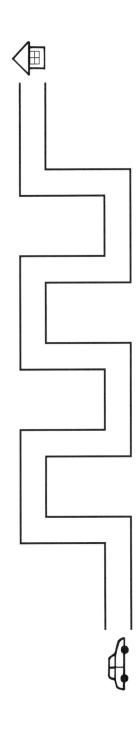

⑥ 半円課題

PWT 描線テスト：教示の時に使う見本

塗りえ課題　　　①円塗り課題

点つなぎ課題　　②横二点課題（10cm，4 cm，2 cm）

線引き課題　　　③横線課題（10cm，4 cm，2 cm）

　　　　　　　　④四角課題

　　　　　　　　⑤矩形課題

　　　　　　　　⑥半円課題

見本の使い方
- 描画課題の見本を子どもの前に置き，蓋をしたペンで見本をなぞりながら教示します。
- 見本をコピーする時は，Ａ４の用紙に，そのままの大きさでカラーコピーします。

① 円塗り課題

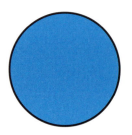

② 横二点課題

③ 横線課題

④ 四角課題

⑤ 矩形課題

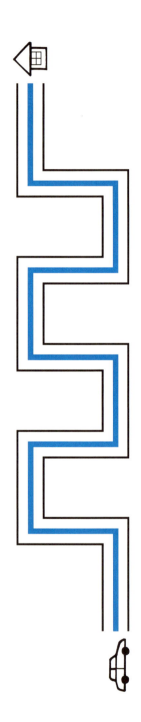

⑥ 半円課題

参 考 文 献

Airasian, P. W.., & Bart, W. M. (1973). Ordering theory : A new and useful measurement model. *Educational Technology, 5*, 56-60.

Barnett, A., Henderson, S. E., Scheib, B., & Schulz, J. (2007). *Detailed Assessment of Speed of Handwriting (DASH)*. London : Pearson Assessment.

Barnett, A., Henderson, S. E., Scheib, B., & Schulz, J. (2010). *Detailed Assessment of Speed of Handwriting for 17-25 (DASH 17+)*. London : Pearson Assessment.

戸次佳子（2014）.「迷路――線たどり」における幼児の手指の巧緻性の発達　人間文化創成科学論叢, *16*, 177-185.

Blank, R., Smits-Engelsman, B., Polatajko., H., & WILSON, P. (2012). European Academy for Childhood Disability (EACD) : Recommendations on the definition, diagnosis and intervention of developmental coordination disorder (long version). *Developmental Medicine & Child Neurology, 54*, 54-93.

Bobath, K. (1980). The motor deficit in patients with cerebral palsy. 2nd ed. Suffolk : Levenham Press.

CanChild https://canchild.ca/en/diagnoses/developmental-coordination-disorder

遠城寺宗徳他（1977）. 遠城寺式乳幼児分析的発達検査法　慶応通信

Erhardt, R. P. (1982). *Developmental hand dysfunction.* Maryland : RAMSCO Publishing Company（エルハーツ, R. P.　紀伊克昌（訳）（1988）. 手の発達機能障害　医歯薬出版）

Frostig, M. (1963). *Developmental program in visual perception.* Consulting Psychologists Press（飯鉢和子・鈴木陽子・茂木茂八（1977）. フロスティッグ視知覚発達検査（日本版）日本文化科学社）

Gaines, R., Missiuna, C., Egan, M., & McLean, J. (2008). Educational out reach and collaborative care enhances physician's perceived knowledge about developmental coordination disorder. *BMC Health Services Research, 8*, 21.

Gesell, A. L., & Amatruda, C. S. (1974). *Gesell and Amatruda's developmental diagnosis ; The evaluation and management of normal and abnormal neuropsychologic development in infancy and early childhood.* 3th Ed.　In H. Knobloch & B. Pasamanick (Eds.), Maryland : Haper & Row.

Gillberg, C., & Rasmussen, P. (1982). Perceptual, Motor and Attentional Deficits in Seven-year-old Children : Background Factors. *Developmental Medicine & Child Neurology, 24(45)*, 752-770.

後藤多可志・宇野　彰・春原則子・金子真人・粟屋徳子・狐塚順子・片野晶子（2010）. 発達性読み書き障害児における視機能，視知覚および視覚認知機能について　音声言語医学, *51*, 38-53.

Green, D., Baird, G., Barnett, A. L., Henderson, L., Huber, J., & Henderson, S. E. (2002). The severity and nature of motor impairment in Asperger's syndrome : a comparison with specific developmental disorder of motor function. *Jounal of Child Psychology and Psychiatry, 43*, 655-668.

Green, D., Charman, T., Pickles, A. Chandle, R. S. Loucas, T., Simonoff, E., & BAIRD, G. (2009). Impairment in movement skills of children with autistic spectrum disorders. *Developmental Medicine & Child Neurology, 51(4)*, 311-316.

郡司理沙・勝二博亮（2015）．幼児におけるひらがな書字習得に関わる認知的要因　LD 研究, *24(2)*, 238-253.

Halverson, H. M. (1931). An experimental study of prehension in infants by means of systematic cinema records. *Genetic Psychological Monograph, 10*, 107-286.

Halverson, H. M. (1932). A further study of grasping. *Journal of General Psychology, 7*, 34-64.

Hohlstein, R. R. (1982). The development of prehension in normal infants. *The American Journal of Occupational Therapy, 36*, 170-176.

細川美由紀・勝二博亮（2015）．幼児のひらがな読み習得と認知機能との関連性における縦断的検討　おおみか教育研究, *18*, 1-8.

Henderson, S. E. (2014). 発達性協調運動障害の理解と支援：2013年までにわかったこと　小児と精神と神経, *54(2)*, 143-145.

Henderson, S. E. & Henderson, L. (2002). Toward an understanding of developmental coordination disorder in children. *Adapted Physical Activity Quarterly, 19*, 11-31.

Henderson, S. E. & Sugden, D. A. (1992). *Movement Assessment Battery for Children manual.* London : Psychological Corporation.

Henderson, S. E., Sugden, D. A., Barnett, A. L. (2007). *Movement Assessment Battery for Children manual-second edition (Movement ABC-2) ; Examiner's manual.* London : Harcourt Assessment.

飯鉢和子・鈴木陽子・茂木茂八（1979）．日本語版フロスティッグ視知覚発達検査：実施要領と採点法手引き（尺度修正版）　日本文化科学社

池田由紀江・佐藤朋子（1991）．改訂版随意運動発達検査の精神遅滞児への適用の試み　音声言語医学, *32*, 170-177.

Illingworth, R. S. (1975). The development of the infant and young child. In C. Livingstone (Ed.), *Nornal and abnormal 6th.* Edinburgh.

猪俣朋恵・宇野　彰・春原則子（2013）．年長児におけるひらがなの読み書きに影響する認知要因の検討．音声言語医学, *54*, 122-128.

Iversen, S., Berg, K., Ellertsen, B., & Tonnessen, F. E. (2005). Motor coor dination difficulties in a municipality group and in a clinical sample of poor readers. *Dyslexia, 11*, 217-231.

岩永竜一郎（2014）．発達性協調運動障害の子ども達の支援を考える——作業療法士の立場から——　小児と精神と神経, *54(2)*, 153-155.

岩永竜一郎・土田玲子・川崎千里（2002）．JMAP 領域別スコアと学習問題の関係．感覚統合

障害研究, *8*, 25-30.

岩田　誠（1992）．概観：神経文字学の確立にむけて　安西祐一郎・石崎　俊・大津由紀雄他（編）認知科学ハンドブック．共立出版，pp. 393-401.

泉類博明（1986）．手指の障害学（基礎編）2．手指の発達　理学療法と作業療法, *20*, 629-636.

垣花真一郎（2008）．幼児は拗音表記習得時に混成規則を利用しているか　教育心理学研究, *56*(4), 463-473.

鎌倉矩子（1989）．手のかたち手のうごき　医歯薬出版

鎌倉矩子・中田眞由美・山崎せつ子（1998）．手の運動の基本パターン　神経進歩, *42*(1), 7-16.

河本　肇（1986）．自己評価と行動基準の組み合わせが幼児の図形ぬりつぶし行動に及ぼす効果　教育心理学研究, *34*(2), 130-138.

Kadesjö, B., & Gillberg, C. (1998). Attention deficits and clumsiness in Swedish 7-year-old children. *Developmental Medicine & Child Neurology, 40,* 796-804.

Kaplan, B. J., Dewey, D. M., Crawford, S. G., & Wilson, B. N. (2001) The term comorbidity is of questionable value in reference to developmental disorders : data and theory. *Journal of Learning Disabilities, 34,* 555-565.

Kellog, R. (1969). *Analizing children's art.* California : National Press Books.

国分　充（1996）．運動の発達と障害　西村　学・小松秀茂（編）発達障害児の病理と心理　培風館

国立国語研究所（1972）．幼児の読み書き能力　東京書籍

香野　毅（2010）．発達障害児の姿勢や身体の動きに関する研究動向　特殊教育学研究, *48*, 43-53.

Kopp, S., Beckung, E., & Gillberg, C. (2010). Developmental coordination disorder and other motor control problems in girls with autism spectrum disorder and/or attention-deficit/hyperactivity disorder. *Research in Developmental Disabilities, 31,* 350-361.

久保田競（1982）．手と脳　紀伊国屋書店

Lingam, R., Hunt, L., Golding, J., Jongmans, M., & Emond, A. (2009). Prevalence of developmental coordination disorder using the DSM-IV at 7 years of age : a UK population-based study. *Pediatrics, 123,* 693-700.

前川喜平・浜野建三・内野孝子（1975）．小児における Tripod Grasp の発達について　小児科診療, *38*(10), 79-83.

Margari, L., Buttiglione, M., Craig, F., Cristella, A., de Giambattista, C., Matera, E., Operto, F., & Simone, M. (2013). Neuropsychopathological comorbidities in learning disorders. *BMC Health Services Research, 13,* 198.

丸山美和子（1999）．教科学習のレディネスと就学期の発達課題に関する一考察　社会学部論集, *32*, 195-208.

増田貴人（2007）．MABC を用いた発達性協調運動障害が疑われる幼児の描線動作の検討　弘

前大学教育学部紀要, *98*, 67-73.

増田貴人 (2008). 幼児期における発達性協調運動障害に関する質的評価の試行的検討　弘前大学教育学部紀要, *100*, 49-56.

増田貴人・七木田敦 (2002). 幼児期における発達性協調運動障害の評価に関する検討——Movement Assessment Battery for Children（M-ABC）標準化のための予備的研究——小児保健研究, *61*, 707-707.

松原達哉・藤田和弘・前川久男・石隈利紀 (1993). K-ABC 心理教育アセスメントバッテリー　実施・採点マニュアル　丸善メイツ

松原　豊 (2012). 知的障害児における発達性協調運動障害の研究——運動発達チェックリストを用いたアセスメント——　こども教育宝仙大学紀要, *3*, 45-54.

三神廣子 (2010). 幼児の文字習得に及ぼす家庭の影響　名古屋芸術大学研究紀要, *31*, 407-425.

三神廣子・野原由利子・田邊光子 (2008). 幼児の文字学習と読書レディネスに関する研究——幼児のひらがなの習得（1988年と2005年の比較を通して）——　名古屋芸術大学研究紀要, *29*, 345-365.

三塚好文 (1994). 健常児における書字能力と形態認知との関連について——精神遅滞児の書字能力を高めるための基礎的検討——　特殊教育学研究, *31*(4), 37-43.

三宅和夫 (監修) (1989). KIDS（乳幼児発達スケール・Kinder infant development scale)　発達科学研究教育センター

三宅信一・清水貞夫・及川克紀 (1985). Ordering theory の諸手法の比較（3）——仮想データによる検討——　いわき短期大学紀要, 180-190.

Montgomery, D. (2008). Cohort analysis of writing in Year 7 following two, four and seven years of the National Literacy Strategy. *Support Learning, 23*, 3-11.

Nakai, A. (2012a). Motr coordination dysfunction in ADHD : New insights form the classroom to geneics. In R. Thompson & N. J. Miller (Eds.), ADHD : Cognitive symptoms, genetics and treatment outcomes. New York : Nova Science Publishers. pp. 81-104.

Nakai, A. (2012b). The neurological examination of the child with Minor Neurological Dysfunction. *Brain & Development, 34*, 408-409.

中井昭夫 (2013). 発達障害の子どもの不器用さのアセスメント・診断と治療の実際　アスペ・ハート, *33*, 26-33.

中井昭夫 (2014a). 発達障害は身体障害？——協調運動からの発達障害へのアプローチ——　小児と精神と神経, *54*(2), 143-145.

中井昭夫 (2014b). 協調運動機能のアセスメント：DCDQ-R, Movement-ABC2　辻井正次監修, 明翫光宜他編　発達障害児支援とアセスメントのガイドライン　pp. 257-264. 金子書房

中井昭夫 (2014c). 発達性協調運動障害（Developmental Coordination Disorder : DCD）　辻井正次監修, 明翫光宜他編　発達障害児支援とアセスメントのガイドライン　pp. 290-296. 金子書房

Nakai, A., Miyachi, T., Okada, R., Tani, I., Nakajima, S., Onishi, M., Fujita, C., & Tsujii, M. (2011). Evaluation of the Japanese version of the Developmental Coordination Disorder Questionnaire as a screening tool for clumsiness of Japanese children. *Research in Developmental Disabilities, 32*(5), 1615-1622

中村淳子・大川一郎・野原理恵・芹澤奈菜美 (2003). 田中ビネー知能検査Ⅴ採点マニュアル 田研出版

日本整形外科学会身体障害委員会・日本リハビリテーション医学会評価基準委員会 (1995). 関節可動域表示ならびに測定法 日本整形外科学会雑誌, 69, 240-250.

野田 航 (2014). 書字のアセスメント 辻井正次監修, 明翫光宜他編 発達障害児支援とアセスメントのガイドライン pp. 248-256. 金子書房

奥村智人・三浦朋子・中西 誠・宇野正章・若宮英司・玉井 浩 (2013). 学童期用視覚関連症状 チェックリストの作成 脳と発達, 45, 360-365.

小野瀬雅人 (1987). 幼児・児童に澄けるなぞり及び視写の練習が書字技能の習得に及ぼす効果 教育心理学研究, 35(1), 9-16.

小野瀬雅人 (1988). なぞり及び視写練習の組合わせが幼児・児童の書字技能に及ぼす効果 教育心理学研究, 36(2), 129-134.

小野瀬雅人 (1995). 書字モードと筆圧・筆速の関係について 教育心理学研究, 43(1), 100-107.

小野瀬雅人・福沢周亮 (1987). 書字技能 (handwriting skills) の発達に関する研究 筑波大学心理学研究, 9, 67-72.

尾上裟智 (2017). 初出漢字筆記過程からみた子どもの書字習得の発達――「なぞり」と「視写」の比較による――. 松尾金藏記念奨学基金 (編) 明日へ翔ぶ：人文社会学の新視点4, 風間書房, pp 121-134.

大庭重治 (1994). 通常学級における平仮名書字指導の諸問題 上越教育大学研究紀要, 14(1), 131-140.

大庭重治 (2003). 就学前後の平仮名書字における誤字の発生とその変化 上越教育大学研究紀要, 22, 529-537.

大庭重治・佐々木清秀 (1990). 通常学級における平仮名書字学習困難児の実態とその指導形態 特殊教育学研究, 28(2), 35-42.

尾崎康子 (1996). 幼児期における筆記具把持の発達的変化 教育心理学研究, 44, 463-469.

尾崎康子 (2000a). 筆記具操作における上肢運動機能の発達的変化 教育心理学研究, 48, 145-153.

尾崎康子 (2000b). 筆記具操作の発達順序性 家庭教育研究所紀要, 22, 109-114.

尾崎康子 (2004). 幼児の筆記具操作発達に関する行動制御からの検討 家庭教育研究所紀要, 26, 97-109.

尾崎康子 (2006a). 幼児期における筆記具発達と精神発達との関連 小児保健研究, 65(2), 127-136.

尾崎康子 (2006b). 幼児期における描画行動と筆記具操作との発達的関連性 富山大学人間発

達科学部紀要, *1*, 281-286.

尾崎康子（2006c）．筆記具操作と象徴的表象機能の発達に関する縦断的研究　富山大学人間発達科学研究実践総合センター紀要;教育実践研究, *1*, 45-52.

尾崎康子（2008a）．幼児期における筆記具操作と描画行動の発達　風間書房

尾崎康子（2008b）．障害幼児のぬりえの発達に関する一考察　やま特別支援学年報, *2*, 41-52.

尾崎康子（2015）．幼児期における手指の巧緻性のアセスメントに関する予備的検討　相模女子大学, *79*, 1-13.

尾崎康子（2018）気になる子のための保育ワークⅠ──描画トレーニングで手先の器用さを育てる　ひかりのくに

尾崎康子・小林　真・水内豊和・阿部美穂子（2010）．よくわかる障害児保育　ミネルヴァ書房

尾崎康子・小林　真・阿部美穂子・芝田征司・齋藤正典（2014a）．CHEDY 幼児用発達障害チェックリスト　文教資料協会

尾崎康子・小林　真・阿部美穂子・芝田征司・齋藤正典（2014b）．CHEDY 幼児用発達障害チェックリスト解説書　文教資料協会

尾崎康子・古賀良彦・金子マサ・竹井　史（2010）．ぬりえの不思議　ぎょうせい

尾崎康子・三宅篤子（2016a）．知っておきたい発達障害のアセスメント　ミネルヴァ書房

尾崎康子・三宅篤子（2016b）．知っておきたい発達障害の療育　ミネルヴァ書房

尾崎康子・佐藤美年子・河村由紀・菊池龍三郎（1992）．手の運動機能の発達に関する予備的検討──描画における筆記具の持ち方とその操作──　家庭教育研究所紀要, *14*, 23-31.

尾崎康子・佐藤美年子・河村由紀（1994）．2 歳児の描画行動に関する研究──円塗り課題の検討による──　家庭教育研究所紀要, *16*, 125-134.

尾崎康子・佐藤美年子・河村由紀（1995）．3, 4 歳児における筆記具の持ち方及び操作と精神発達の関連について　家庭教育研究所紀要, *17*, 145-150.

尾崎康子・佐藤美年子・河村由紀（1996）．幼児における筆記具把持の習得に対する教育の影響　家庭教育研究所紀要, *18*, 162-169.

尾崎康子・竹井　史（2007）．幼児の脳を育てるぬりえのほん 1　メイト

尾崎康子・竹井　史（2011）．幼児の脳を育てるぬりえのほん 2　メイト

Rosenbloom, L., & Horton, M. E. (1971). The maturation of fine prehension in young children. *Developmental Medicine and Child Neurology, 13*, 3-8.

Saida, Y., & Miyashita, M. (1979). Development of fine motor skill in children : Manipulation of a pencil in young children aged 2 to 6 years. *Journal of Human Movements Studies, 4*, 104-113.

齋木久美（2015）．小学校入門期のひらがな書字指導に関する一考察　茨城大学教育学部紀要. 教育科学, *64*, 325-334.

齋木久美・市原陽子（2007）．幼稚園の文字指導における理論と背景：小学校への接続　茨城大学教育学部紀要（教育科学）, *56*, 23-34.

崎原秀樹（1998）．幼児における文字の視写の発達的変化　教育心理学研究, *46*(2), 212-220.

坂本香代子・中島そのみ・世良彰康（2012）．不器用さを示す発達障害児の線引き課題の結果

と背景要因の関連について　日本発達系作業療法学会誌, *1*(1), 39-45.

佐久間庸子・田部絢子・高橋　智（2011）．幼稚園における特別支援教育の現状：全国公立幼稚園調査からみた特別な配慮を要する幼児の実態と支援の課題　東京学芸大学紀要総合教育科学系, *62*(2), 153-173.

Scabar, A., Devescovi, R., Blason, L., Bravar, L., & Carrozzi, M. (2006).　Comorbidity of DCD and SLI : significance of epileptiform activity during sleep.　*Child : Care Health and Development, 32,* 733-739.

Siddiqui, A. (1995).　Object size as a determinant of grasping in infancy.　*Journal of Genetic Psychology, 156,* 345-358.

島村直己・三神廣子（1994）．幼児のひらがなの習得　教育心理学研究, *42*(1), 70-76.

瀬川昌也（1999）．運動の発達　*Brain Medical, 11*(3), 42-48.

Shen, I. H., Lee, T. Y., & Chen, C. L. (2012).　Handwriting performance and underlying factors in children with Attention Deficit Hyperactivity Disorder.　*Research in Developmental Disabilities, 33,* 1301-1309.

Steinberg, D. D.・山田　純（1980）．書字能力発達に関する基礎的研究　教育心理学研究, *28,* 310-318.

田中三郷（1989）．改訂版　随意運動発達検査　発達科学研究教育センター

Tseng, M. H. & Chow, S. M. K. (2000).　Perceptual-motor function of school-age children with slow handwriting speed.　*American Journal of Occupational Therapy, 54,* 83-88.

Tseng, M. H., Howe, T. H., Chuang, I. C. , & Hsieh, C. L. (2007).　Cooccurrence of problems in activity level, attention, psychosocial adjustment, reading and writing in children with developmental coordination disorder.　*International Journal of Rehabilitation Research, 30,* 327-332.

宇野　彰・加茂牧子・稲垣真澄（1995）．漢字書字に特異的な障害を示した学習障害の1例——認知心理学的および神経心理学的分析——　脳と発達, *27,* 395-400.

宇野　彰・加茂牧子・稲垣真澄・金子真人・春原則子・松田博史（1996）．視覚的認知障害を伴い特異的な漢字書字障害を呈した学習障害児の1例——認知神経心理学的および電気生理学的分析——　脳と発達, *28,* 418-423.

瓜生淑子・浅尾恭子（2013）．幼児の身体的不器用さに関する予備的研究——協調運動の実技調査から——　奈良教育大学教育実践開発研究センター研究紀要, *22,* 1-9.

Viviani, P., & Schneider, R. (1991).　A developmental study of the relationship between geometry and kinematics in drawing movements.　*Journal of Exeperimental Psychology : Human Perception and Performance, 17,* 198-218.

Wall, A. E., Reid, G., & Paton, J. (1990).　The syndrome of physical awkwardness. In G. Reid (Ed.), *Problems in movement control.* pp. 283-316.　North-Holland : Elsevier Science Publishers.

Watemberg, N., Waiserberg, N., Zuk, L, & Lerman-Sagie, T. (2007).　Developmental coordination disorder in children with attention-deficit-hyperactivity disorder and physical therapy intervention. *Developmental Medicine & Child Neurology, 49,* 920-925.

Wilson, B. N., Kaplan, B. J., Crawford, S. G., Green, D., Campbell, A., & Dewey, D. (2000). Reliability and validity of a parent questionanaire on childhood motor skills. *The American Journal of Occpational Therapy, 54,* 484-493.

Weil, M. J. & Amundson, S. J. C. (1994). Relationship between visuomotor and handwriting skills of children in kindergarten. *American Journal of Occupational Therapy, 48,* 982-998.

Wilson, P. H., Ruddock, S. Snuts-Engelsman, B., Polatajko, H., & Blank, R. (2013). Understanding performance deficits in developmental coordination disorder : a meta-analysis of recent research. *Developmental Medicine & Child Neurology, 55(3),* 217-228.

Wisdom, S. N., Dyck, M. J., Piek, J. P., Hay, D., & Hallmayer, J. (2007). Can autism, language and coordination disorders be differentiated based on ability profiles? *European Child & Adolescent Psychiatry, 16,* 178-186.

山根律子・水戸義明・花沢恵子・松崎みどり・田中三郷 (1990). 改訂版 随意運動発達検査 音声言語医学, *31,* 172-185.

山下俊郎 (1955). 幼児心理学 朝倉書店

谷田貝公昭 (1986). 現代「不器用っ子」報告 学陽書房

Ziviani, J. (1983). Qualitative changes in dynamic tripod grip between seven and 14 years of age. *Developmental Medicine and Child Neurology, 25,* 778-782.

〈編著者紹介〉

尾崎康子（おざき・やすこ）

東京教育大学大学院教育学研究科博士課程単位取得退学
財団法人小平記念日立教育振興財団日立家庭教育センター主幹研究員，富山大学人間発達科学部教授を経て
現　在　相模女子大学人間社会学部教授　博士（心理学），臨床発達心理士スーパーバイザー，臨床心理士
著　書　『こころを育む楽しい遊び──2.3.4歳児における保育臨床の世界』（編著）ぎょうせい，2004.
　　　　『幼児の筆記具操作と描画行動の発達』風間書房，2008.
　　　　『ぬりえの不思議──心と体の発達に見るその力』（共著）ぎょうせい，2010.
　　　　『よくわかる障害児保育　第2版』（共編著）ミネルヴァ書房，2018.

〈執筆者〉

勝二博亮（しょうじ・ひろあき，茨城大学大学院教育学研究科）　第4章

芝田征司（しばた・せいじ，相模女子大学人間社会学部）　第9章

乳幼児期における発達障害の理解と支援③
知っておきたい
気になる子どもの手先の器用さのアセスメント
──PWT 描線テストの手引と検査用紙──

2018年3月30日　初版第1刷発行 〈検印省略〉

定価はカバーに
表示しています

編著者　尾　崎　康　子
発行者　杉　田　啓　三
印刷者　坂　本　喜　杏

発行所　株式会社　ミネルヴァ書房
〒607-8494 京都市山科区日ノ岡堤谷町1
電話代表 (075) 581-5191
振替口座 01020 - 0 - 8076

©尾崎康子ほか，2018　冨山房インターナショナル・藤沢製本
ISBN 978-4-623-08281-0
Printed in Japan

新しい発達と障害を考える本（全12巻）

学校や日常生活の中でできる支援を紹介。子どもと大人が一緒に考え，学べる工夫がいっぱいの絵本。AB判・各56頁　本体1800円

①もっと知りたい！　自閉症のおともだち 内山登紀夫監修　伊藤久美編	⑤なにがちがうの？　自閉症の子の見え方・感じ方 内山登紀夫監修　伊藤久美編
②もっと知りたい！　アスペルガー症候群のおともだち 内山登紀夫監修　伊藤久美編	⑥なにがちがうの？　アスペルガー症候群の子の見え方・感じ方 内山登紀夫監修　尾崎ミオ編
③もっと知りたい！　LD（学習障害）のおともだち 内山登紀夫監修　神奈川LD協会編	⑦なにがちがうの？　LD（学習障害）の子の見え方・感じ方 内山登紀夫監修　杉本陽子編
④もっと知りたい！　ADHD（注意欠陥多動性障害）のおともだち 内山登紀夫監修　伊藤久美編	⑧なにがちがうの？　ADHD（注意欠陥多動性障害）の子の見え方・感じ方 内山登紀夫監修　高山恵子編

乳幼児期における発達障害の理解と支援

① 知っておきたい　発達障害のアセスメント

尾崎康子・三宅篤子編　B5判304頁　本体3500円

② 知っておきたい　発達障害の療育

尾崎康子・三宅篤子編　B5判280頁　本体3500円

――― ミネルヴァ書房 ―――

http://www.minervashobo.co.jp/